纳米科技产出与影响力报告

国家纳米科学中心 爱思唯尔 著

科学出版社
北京

内 容 简 介

纳米科学技术以其多学科交叉性、综合性、平台性的独特特征，支撑着多个学科、多个前沿科学领域的快速发展，成为推动科学发展的新引擎。鉴于纳米科技的重要战略意义，对纳米科学与技术的发展趋势的评估和预测非常必要。本报告利用爱思唯尔旗下全球最大的摘要及引文数据库 Scopus、科研分析平台 SciVal、基金数据库 Funding Institutional 和专利分析平台 PatentSight 作为主要数据来源，运用文献计量和引文分析学方法，综合利用多个大数据指标，对纳米科技 2000~2019 年间的科研成果和相关专利进行分析，以评估纳米科技的产出、作用、贡献和影响力。

本书可供纳米科技及相关支撑领域的科研人员阅读参考。

图书在版编目（CIP）数据

纳米科技产出与影响力报告/国家纳米科学中心，爱思唯尔著. —北京：科学出版社，2021.3
ISBN 978-7-03-067912-3

Ⅰ. ①纳… Ⅱ. ①国… ②爱… Ⅲ. ①纳米技术-高技术产业-产业发展-研究报告-中国 Ⅳ. ①F279.244.4

中国版本图书馆CIP数据核字（2021）第009725号

责任编辑：杨 震 刘 冉／责任校对：杜子昂
责任印制：肖 兴／封面设计：北京图阅盛世

科 学 出 版 社 出版
北京东黄城根北街 16 号
邮政编码：100717
http://www.sciencep.com

北京九天鸿程印刷有限责任公司 印刷
科学出版社发行 各地新华书店经销

*

2021 年 3 月第 一 版 开本：720×1000 1/16
2021 年 3 月第一次印刷 印张：6 1/4
字数：130 000

定价：98.00 元
（如有印装质量问题，我社负责调换）

编委会

国家纳米科学中心（NCNST）　　　　**爱思唯尔（Elsevier）**
　　　肖红君　　　　　　　　　　　　　　何星星
　　　董宏伟　　　　　　　　　　Beverley Mitchell
　　　吴树仙　　　　　　　　　　Thomas A. Collins
　　　戴　庆　　　　　　　　　　　Sarah Huggett
　　　魏志祥　　　　　　　　Christiane Barranguet
　　　赵宇亮

前　言

爱思唯尔(Elsevier，全球知名科技出版社)战略部完成的这份《纳米科技产出与影响力报告》清晰显示：全球960个最显著科研方向，有89%在开展与纳米科技有关的研究；在基础科学方面，纳米科学已经成为全球创新力最强的领域，为几乎所有学科提供创新动力和推动力。在产业方面，纳米科技已经成为变革性产业制造技术的重要源头，例如，人类科技发展正在进入智能时代，无传感就无智能。而传感器的核心技术包括微纳器件的设计和制造，以及超敏感材料，这些都是纳米技术最能发挥优势的领域。现在的智能手机中含有纳米材料和技术的部件已经超过百项。

从事纳米科技的学者已经有121位当选中国科学院或中国工程院院士。他们的成就可以从报告中得到体现：中国纳米科技成绩斐然，很多方面已经进入世界前列，部分领域处于引领国际前沿的地位。纳米科技已经成为普适性、交叉性、基础性、平台性的前沿研究领域，对科学技术进步、社会经济发展、人类生活改善等方面已经产生巨大影响，已经成为信息技术、人工智能、量子技术、新能源、新材料、化工催化与绿色制造、大健康与新医学、类脑科学、深蓝、深海、深空等领域的关键支撑，是推动科学发展和变革性产业的新引擎。

《纳米科技产出与影响力报告》运用了文献计量学方法，对纳米科技在2000~2019年的科研成果、专利、产业等进行大数据分析，科学准确评估了纳米科技的科研产出、学科贡献、产业作用、对全球科技进步的影响力，并从基金资助与国际合作等角度解读了纳米科技的发展动力，全面展望了纳米科技未来的发展态势：纳米科技是年轻且富有活力的研究和应用领域，纳米科技更是奠定社会和经济可持续发展的重要基础，作为一项前沿技术为先进产业发展提供了强劲动力，纳米科技领域的全球国际合作，给该领域的学术影响力带来了重大影响。

这是我读过的关于纳米科技研究最翔实、最系统的科学分析、产业分析、战略分析报告，它得益于近年来快速发展起来的大数据分析理论和方法，这份报告的所有观点都来自文献信息学的分析结果，因此，它的视角更为深刻，依据更为科学，结论更有说服力。

中国应该抓住在前沿科技领域跨越发展的历史机遇，一方面，必须继续加强纳米科技领域的基础研究，另一方面，必须强化纳米科技对产业技术的核心贡献，大

前　言

力构建纳米技术产业创新链、完善价值链，把我们近 20 年积累起来的科研能力变成国家能力，真正满足重大国家需求。我衷心希望通过纳米科技工作者的共同努力，不仅在基础科学研究方面取得更多突破，而且在产业技术方面为社会经济发展提供强劲动力，推动人类社会进步。

赵宇亮

国家纳米科学中心
中国科学院苏州纳米技术与纳米仿生研究所
2020 年 12 月 24 日于中关村

摘　要

本报告根据爱思唯尔旗下全球最大的摘要及引文数据库 Scopus、科研分析平台 SciVal、基金数据库 Funding Institutional 和专利分析平台 PatentSight，评估了过去二十年（2000～2019年）纳米科技的产出（学术产出与专利）与影响力，重点评估其对基础科学研究和产业的影响，并从基金资助与国际合作等角度解读纳米科技的发展动力。

以下是本报告各章节重点发现：

➢ **纳米科技的学术产出呈现爆发式增长，越来越多的科研工作者从事纳米相关研究**

(1) 纳米研究文献142万篇，221万名研究者。

根据 Scopus 数据库统计，2000～2019年，全球约有142万篇学术文献与纳米相关，占全球所有文献的4.2%。同期，全球约有221万名研究人员[1]在发表与纳米相关的学术文献，占到全球作者的5.2%。

(2) 纳米研究的学术文献的增速是全球所有文献增速的3.2倍。

全球纳米相关学术文献从2000年的11 555篇（占全球所有文献1.1%），增长至2019年的153 455篇（占全球所有文献6.2%），复合年均增长率（CAGR）为14.6%，是同期全球文献的复合年均增长率的3.2倍。

同期，全球每年发表纳米相关研究成果的作者从2000年的32 591位（占全球作者总量的2.5%）增长至2019年的498 948位（占全球作者总量的10.9%），复合年均增长率（CAGR）为15.4%，是同期全球作者数量复合年均增长率（CAGR）的2.3倍。

➢ **纳米研究促进了学术影响力的提升，中国纳米文献影响力提升显著**

(1) 纳米研究文献的影响力是全球平均水平的1.6倍。

2000～2019年，纳米相关文献的归一化影响因子（FWCI）为1.6，是全球所有文献的1.6倍（全球均线为1）。中国纳米文献的学术影响力提升显著，中国纳

---

[1] 研究人员数量统计方法：以 Scopus 中唯一的作者 ID 作为标识，统计研究人员数量。

| 摘 要 |

米文献 FWCI 从 2000 年的 1.30 提升至 2019 年的 1.86，增长 43%，并在 2019 年超越美国纳米文献 FWCI。

(2)纳米文献占全球 4.2%，但前 1%顶尖论文占全球 11%。

2000～2019 年，在全球前 1%高被引文献中，纳米相关的研究成果占到 11%(从 2000 年的 4.2%提升到 2019 年的 13.6%)，体现了在全球最卓越学术产出中纳米研究的重要贡献。

➢ 纳米科学技术以其多学科交叉型、综合型、平台型的独特特征，对多个基础学科的学术产出与学术影响力有显著贡献，是推动科学发展的新引擎

(1)对材料、化学化工、物理、能源领域的贡献最大。

过去二十年，多个学科中纳米文献的占比在增长，其中物质科学中发表的纳米文献的占比最高。2000～2019 年，全球有 4 个学科超过 10%的学术成果与纳米相关，分别是：材料科学(20.7%)、化学工程(17.7%)、化学(16.3%)和物理与天文学(12.8%)，2010～2019 年间又新增能源学科(2000～2019 年，能源领域纳米文献占比为 8.7%，2010～2019 年，该比例提高到 11%)。

(2)纳米生物领域增长最快。

2000～2019 年，"免疫与微生物学"中纳米文献的复合年均增长率(CAGR)是该学科所有文献复合年均增长率(CAGR)的 5.1 倍，"生物化学、遗传学与分子生物学"中是 4.4 倍，"药理、毒理学和药物学"中是 4 倍。但需注意，在生命科学中纳米文献的体量还相对较小。

➢ 纳米科技与当前热点研究领域紧密相关

(1)广泛覆盖全球全学科的热点研究主题。

2015～2019 年，在全球热点研究主题[2]中，89%的主题与纳米相关(主题中至少有 1 篇文献与纳米有关)，39%的主题与纳米强相关(主题中至少 10%的文献与纳米有关)，说明纳米与当前极具发展前景的研究领域结合紧密。

(2)与物质科学和药理学的前沿研究主题联系更紧密。

2015～2019 年，对于材料科学、物理与天文学、化学、化学工程、工程学、

---

2 热点研究主题：主题显著度得分位居全球前 1%。有关主题显著度的解释参见第 2 章以及附录。

| 摘 要 |

能源、"药理、毒理学和药物学"中热点研究主题,超过42%的主题与纳米强相关(该主题中至少10%的文献与纳米有关)。

(3) 纳米技术的重点和热点应用领域。

2015~2019年,纳米技术在太阳能电池、石墨烯、锂电池、等离子体超材料、生物传感器、催化剂、半导体量子点、纳米颗粒制药、聚合物等高显著度主题聚类[3]中的学术产出最多。

➢ **美德日英在纳米研究中产学结合更密切,基础研究成果被专利引用频次更高**

(1) 美日德英纳米科技与产业界的合作度密切,产学合作率[4]高于该国全学科平均,中国纳米科技产学合作表现相对不足。

2015~2019年,全球及中国的纳米产学合作率略低于其产学合作平均水平,但是美国、日本、德国和英国则高于全国平均,说明在这些国家产业界与学术界合作开展纳米相关研究更频繁。

(2) 相较于全学科,纳米文献中被专利引用的文献比例更高。

2015~2019年,全球纳米文献中有1.04%的文献至少被全球五大国际专利库[5]中的一件专利引用过,比平均水平高出89%(同期,全球文献平均被专利引用率为0.55%)。2015~2019年,全球每千篇纳米文献平均被五大专利局专利引用10.4次/千篇,美国的纳米文献达到23.7次/千篇,在所有对标国家(中美德英日)中最高,中国纳米文献平均被专利引用6次/千篇。

(3) 来自中国的纳米相关专利快速增长,但专利竞争力有待提升。

2000~2019年,全球纳米相关专利[6]约达69万件,占全球专利的比例从2000年的0.9%提升至2019年的3.8%,其中,来自中国的纳米相关专利数量最多(58%的专利来自中国)。中国的纳米相关专利在数量上占有绝对优势,但是专利竞争力有待提高。

---

3 主题聚类的显著度得分位居全球前5%。

4 产学合作率:来自产业界和学术界的作者共同发表的文献叫做产学合作文献,产学合作文献占所有文献的比例即产学合作率。

5 全球五大专利库:世界知识产权组织(WIPO)、美国专利及商标局(USPTO)、欧洲专利局(EPO)、日本专利局(JPO)、英国知识产权局(UKIPO)。

6 纳米相关专利:在专利标题/摘要/权项(Title/Abstract/Claim)中包含"Nano*"的专利。

| 摘 要 |

➢ **全球重要资助机构资助的项目中，与纳米相关的研究项目比例保持增长**

(1) 资助项目的规模。

根据 Funding Institutional 基金数据库统计，2009~2018 年，全球共有 132 220 条项目与纳米相关[7]，约占该数据库中全球所有项目的 3.6%，复合年均增长率为 3%，同期全球项目数量未增长。纳米相关项目占比从 2009 年的 3%提升至 2018 年的 4%。

(2) 资助项目的学科分布。

在材料学中纳米相关项目所占比例最高，2009~2018 年，材料科学 29.4%的项目与纳米相关，其次是物理与天文学(17.9%)、化学(14.8%)。

➢ **纳米科技的国际合作程度高于全学科平均水平**

(1) 纳米领域的国际合作高于其他领域。

2010~2019 年全球纳米文献国际合作率[8]为 25%，共有 277 793 篇纳米文献是由不同国家/地区的作者合作发表，而且在所有对标国家(及全球)，纳米文献的国际合作率均高于该国(及全球)的平均国际合作率，说明在纳米相关的研究活动中国际合作更加频繁。

(2) 中国的纳米科技国际合作成绩显著。

中国的纳米科技的国际合作在不断提升，且国际合作程度高于中国全学科平均水平。同时，中国的国际合作纳米科研成果的学术影响力较高，2010~2019 年，中国国际合作的纳米文献 FWCI 为 2.5，高于欧美对标国家。

---

7 纳米相关项目：在项目标题或摘要中包含"Nano*"，时间：2020 年 3 月。
8 "国际合作率"表示国际合作发表的纳米文献占所有文献的比例。

目　录

引言 ··· 1

第1章　纳米科技学术产出与学术影响力 ··· 3
关键发现 ··· 4
1.1　纳米科技整体学术产出与影响力 ··· 5
1.2　纳米科技学术产出变化趋势 ··· 8
1.3　纳米科技学术影响力变化趋势 ··· 12
1.4　机构的纳米科技学术产出与学术影响力分析 ······························· 15

第2章　纳米科技对基础科学的贡献 ··· 21
关键发现 ··· 22
2.1　普适性：基础科学中的纳米科技 ··· 23
2.2　先进性：热点研究中的纳米科技 ··· 32

第3章　纳米科技对产业的作用 ··· 39
关键发现 ··· 40
3.1　纳米科技的产学结合分析 ··· 41
3.2　专利对学术文献的引用分析 ··· 50
3.3　纳米相关专利分析 ··· 53

第4章　促进纳米科技发展的因素分析 ··· 63
关键发现 ··· 64
4.1　纳米相关基金分析 ··· 65
4.2　国际合作分析 ··· 71

结论 ··· 75

后记 ··· 78

附录A　指标说明 ··· 79

附录B　数据源说明 ··· 82

附录C　ASJC学科 ··· 85

附录D　国家/地区代码 ··· 86

引　言

纳米是一种计量单位，1纳米是1米的10亿分之一。1981年扫描隧道显微镜发明之后，便诞生了以0.1~100 nm长度为研究对象的纳米技术。纳米科技是指在纳米尺度（1~100 nm）上研究物质（包括原子、分子的操纵）的特性和相互作用（主要是量子特性），以及利用这些特性的多学科交叉的科学和技术。它使人类认识和改造物质世界的手段和能力延伸到原子和分子。纳米科技的最终目标是以原子、分子及物质在纳米尺度上表现出来的新颖的物理、化学和生物学特性制造出具有特定功能的产品。[9]

于极细处丈量世界，于微观处影响未来——二十一世纪以来，纳米科技正持续快速地发展，作为一个年轻且富有活力的研究和应用领域，它正在重塑我们周围的世界，带来从制造业到医疗保健等领域的革命性突破。纳米科学技术以其多学科交叉型、综合型、平台型的独特特征，支撑着多个学科、多个前沿科学领域的快速发展，成为推动科学发展的新引擎。在经济生活各产业中，纳米科技的应用场景亦越来越丰富，除了在新材料产业中形成了较为明确的纳米材料板块外，纳米科技在能源环境、生物医药、信息器件和绿色制造等领域的应用日益凸显，具有极其广阔的发展前景。

鉴于纳米科技的重要战略意义，对纳米科学与技术的发展趋势的评估和预测非常必要。本报告利用爱思唯尔旗下全球最大的摘要及引文数据库Scopus、科研分析平台SciVal、基金数据库Funding Institutional和专利分析平台PatentSight作为主要数据来源，运用文献计量和引文分析学方法，综合利用多个大数据指标，对纳米科技在2000~2019年间的科研成果和相关专利进行分析，以评估纳米科技的产出、作用、贡献和影响力。

有关纳米科技相关文献的定义以及报告涉及的分析指标详情，请参见附录。

> **未来科学的发展无非是继续向宏观和微观世界进军。**
>
> ——爱因斯坦

---

[9] 白春礼. 纳米科技：梦想与现实. 2004中国纳米技术应用研讨会论文集，2005.

第 1 章 纳米科技学术产出与学术影响力

在本章，我们基于二十年间全球发表的纳米研究学术文献，利用包括发文量、归一化影响因子、被引次数、全球前 1% 高被引文献等指标，评估纳米科技对全球科学发展的影响，并在国家层面、机构层面进行对标分析。

| 第 1 章　纳米科技学术产出与学术影响力 |

关键发现

1 418 496
篇学术文献与纳米相关,占全球发文量的 4.2%(2000~2019 年)。

2 211 585
位作者发表了纳米相关文献(2000~2019 年)。

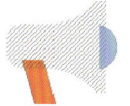
1.6
纳米文献的归一化影响因子是所有文献的 1.6 倍(2000~2019)。

28.8 次/篇
纳米文献篇均被引用次数为 28.8 次/篇,比所有文献篇均被引次数高48%(2000~2019 年)。

11%
的全球前 1%高被引文献与纳米相关(2000~2019 年)。

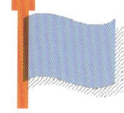
25%
的中国前 1%高被引文献与纳米相关(2000~2019 年)。

在多个关键指标上,纳米科技的增长率是全学科平均增长率的数倍,体现了纳米科技的蓬勃发展之势(表 1-1)。

表 1-1　全球纳米相关的作者、学术文献、高被引文献数量和增长率(2000~2019 年)

纳米相关	2000~2019 年总量(占全球比例)	2000 年数量(占全球比例)	2019 年数量(占全球比例)	2019 年比2000 年增长幅度	纳米相关指标复合年均增长率(CAGR)	纳米CAGR/全球CAGR
作者数量	2 211 585 (5.2%)	32 591 (2.5%)	498 948 (10.9%)	1431%	15.4%	2.3
学术文献	1 418 496 (4.2%)	11 555 (1.1%)	153 455 (6.2%)	1228%	14.6%	3.2
全球前 1%高被引文献	54 052 (11%)	585 (4.2%)	5 393 (13.6%)	374%	8.5%	1.5

数据源：Scopus

第1章 纳米科技学术产出与学术影响力

1.1 纳米科技整体学术产出与影响力

本节将评估 2000~2019 年间全球纳米科技相关学术产出与学术影响力,采用的指标包含发文量、被引次数、作者数量、归一化影响因子(FWCI)和前 1%高被引文献,有关指标具体含义阐述详见附录 A,各指标数值见图 1-1。

1 418 496

篇文献与纳米相关

2 211 585

位作者发表过纳米相关文献

40 897 073

总被引次数

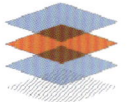

28.8 次/篇

篇均被引次数

1.6

纳米文献的归一化影响因子(FWCI)[10]

54 052

篇纳米文献的被引次数位居全球前 1%

图 1-1 全球纳米科技整体学术产出与学术影响力(2000~2019 年)

数据源:Scopus

在以上全球纳米科技的学术产出数量与影响力指标基础上,报告通过进一步分析,有以下的发现:

(1)在全球科学研究中纳米科技至关重要

纳米文献在全球学术产出中占到一定比重:2000~2019 年,全球学术产出中有 4.2%的文献与纳米相关(发文量 141.85 万篇),这些文献贡献了全球 6.4%的引用(总被引约 4089.7 万次)。

(2)纳米文献学术影响力高于全球平均水平

被引用代表一篇学术产出对于其他研究工作提供了参考,在评估学术影响力时,

---

10 归一化影响因子(FWCI)的含义见附录 A。

被引次数是最常用的指标之一，但考虑到学科、发表年份、文献类型等差异对引用次数的影响，Elsevier 开发了标准化的影响力指标——归一化影响因子（FWCI）以评估文献的学术影响力。此外，本报告也纳入篇均被引次数、高被引文献等相关指标，以更全面地体现纳米科技的学术影响力。

整体来看，2000~2019 年：

- 全球纳米相关文献的归一化影响因子（Field-Weighted Citation Impact, FWCI）为 1.6，同期全球平均 FWCI 为 1，即纳米文献的学术影响力是全球平均影响力 1.6 倍。
- 纳米文献的篇均被引用次数为 28.8 次/篇，同期全球平均篇均被引次数为 19.4 次/篇，比平均水平高出 48%。
- 共有 54 052 篇前 1%高被引文献与纳米相关，占全球前 1%高被引文献的 11%。

(3) 中国在全球纳米文献发表量排名靠前

2000~2019 年，全球纳米文献发表量最高的 20 个国家/地区中排名前五的分别是（图 1-2）：中国（2000~2019 年发表了 416 554 篇文献与纳米相关，占全球纳米文献 29.4%）、美国（269 747 篇，占全球纳米文献 19%）、印度（102 904 篇，占全球纳米文献 7.3%）、德国（87 164 篇，占全球纳米文献 6.1%）、日本（84 079 篇，占全球纳米文献 5.9%）。

2000~2019 年，在发文量前 20 名的国家/地区中，纳米文献的归一化影响因子（FWCI）排名前五的分别是（图 1-2）：新加坡（纳米文献 FWCI 为 2.65）、美国（纳米文献 FWCI 为 2.31）、瑞士（纳米文献 FWCI 为 2.26）、澳大利亚（纳米文献 FWCI 为 2.22）、荷兰（纳米文献 FWCI 为 2.12），同期全球纳米文献 FWCI 为 1.6。但是瑞士、荷兰、新加坡的文献发表量规模与领先国家相比差距较大。

以总被引次数来统计，排在前五的分别是：美国（截至统计日，美国的纳米文献被引用了 13 762 200 次）、中国（9 854 878 次）、德国（3 222 746 次）、日本（2 498 856 次）、英国（2 270 916 次）。综合考虑 2000~2019 年间各国纳米科技的学术产出规模与学术影响力，本报告将选择中国（代码 CHN）、美国（代码 USA）、德国（代码 DEU）、英国（代码 UK）和日本（代码 JPN）作为重点分析国家，并在以下的分析中进行详细对比。

第1章 纳米科技学术产出与学术影响力

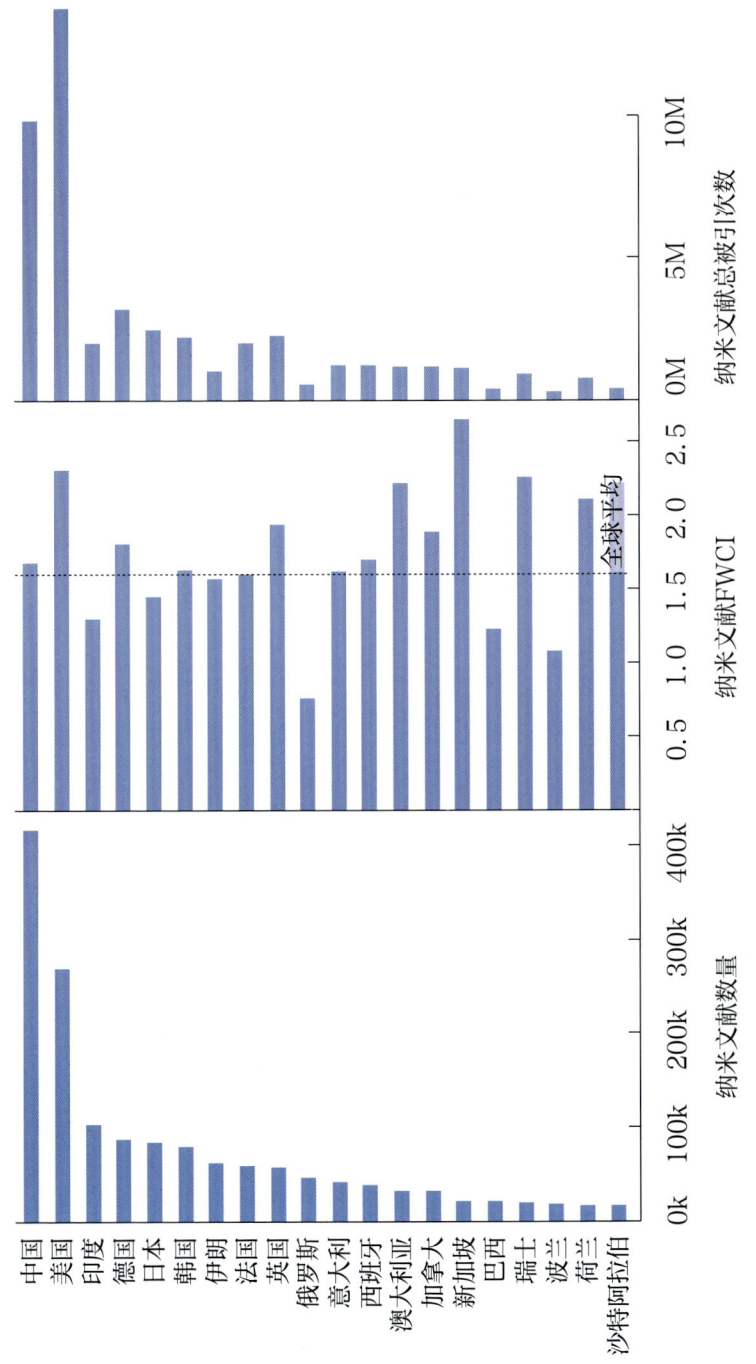

图1-2 全球纳米文献发表量前20名的国家/地区（2000～2019年）

数据源：Scopus

1.2 纳米科技学术产出变化趋势

1.2.1 全球纳米研究者数量呈上升趋势

人才是科学研究中的一个重要因素，通过对作者的分析可以从人才上解析当前纳米科技的发展。关于作者数量的统计方法请参见附录 A。

如图 1-3 所示，2000～2019 年间全球发表过纳米文献的作者持续增长，越来越多的研究者从事与纳米相关的工作，或将自己的研究与纳米结合。发表纳米相关研究成果的作者从 2000 年的 32 591 位(占全球作者总量的 2.5%)增长至 2019 年的 498 948 位(占全球作者总量的 10.9%)，复合年均增长率(CAGR)为 15.4%，是同期全球作者复合年均增长率(CAGR)的 2.3 倍。

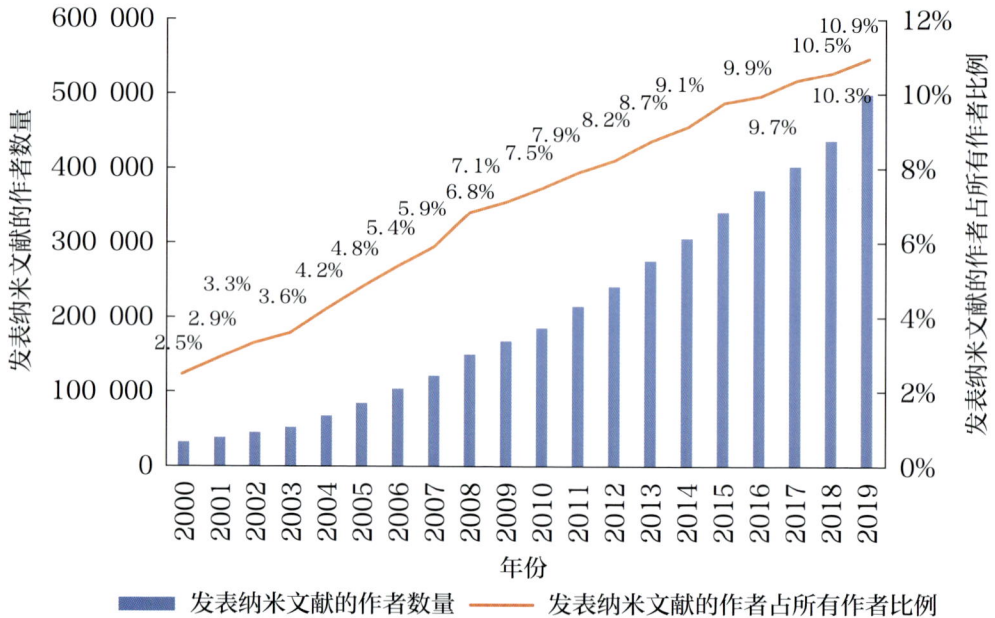

图 1-3　全球发表纳米相关文献的作者数量及其占全球作者的比例(2000～2019 年)

数据源：Scopus

1.2.2 全球纳米相关学术产出呈上升趋势

本报告以纳米研究文献(以下简称"纳米文献")数量来衡量学术产出。如图 1-4 所示，2000～2019 年，全球纳米文献的发表量以及占全球文献的比例均在不断增长。2000~2019 年，全球纳米文献从 2000 年的 11 555 篇（占全球所有文献 1.1%），增长至 2019 年的 153 455 篇（占全球所有文献 6.2%），复合年均增长率为 14.6%，是同期全球文献的复合年均增长率（4.5%）的 3.2 倍。

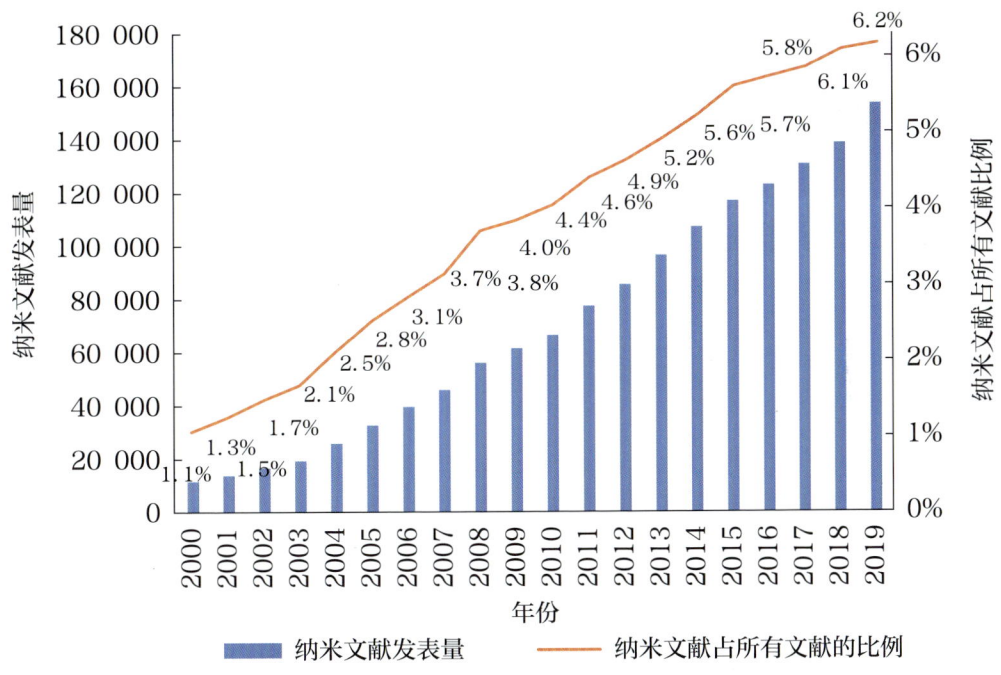

图 1-4　纳米研究文献数量及其占全球学术文献比例（2000~2019 年）

数据源：Scopus

报告对对标国家的纳米相关学术产出与学术影响力做了分析。总体来说，各对标国家的纳米文献数量均保持增长，且各个对标国家纳米文献的增长速度超过全部文献的增速（如图 1-5 所示，各国纳米文献 CAGR 均高于各国所有文献 CAGR），体现了纳米科技在各国的快速发展。

来自中国的纳米文献量增长最快，占全球纳米文献的比例最高。2000~2019 年，中国纳米文献发表量从 2000 年的 1 341 篇（占全球纳米文献 11.6%）增至 2019 年的 59 349 篇（占全球纳米文献 38.7%），中国纳米文献发表量复合年均增长率为 22%，是同期中国所有文献的 1.6 倍（同期中国所有文献复合年均增长率为 14%）；美国的纳米文献发表量从 2000 年的 3 115 篇（占全球纳米文献 27%）增至 2019 年的 21 608 篇（占全球纳米文献 14.1%），复合年均增长率为 12%，是同期美国所有文献增幅的 4 倍（同期美国所有文献复合年均增长率为 3%）。

虽然美国、德国、英国和日本的纳米文献的增长率高于全国平均水平，但其增长率（图 1-5 右）和文献数量低于中国，因此，全球来自中国的纳米文献的比例在不断提升（图 1-6）。同时，各国纳米文献占该国全部文献的比例也有差异（图 1-7），

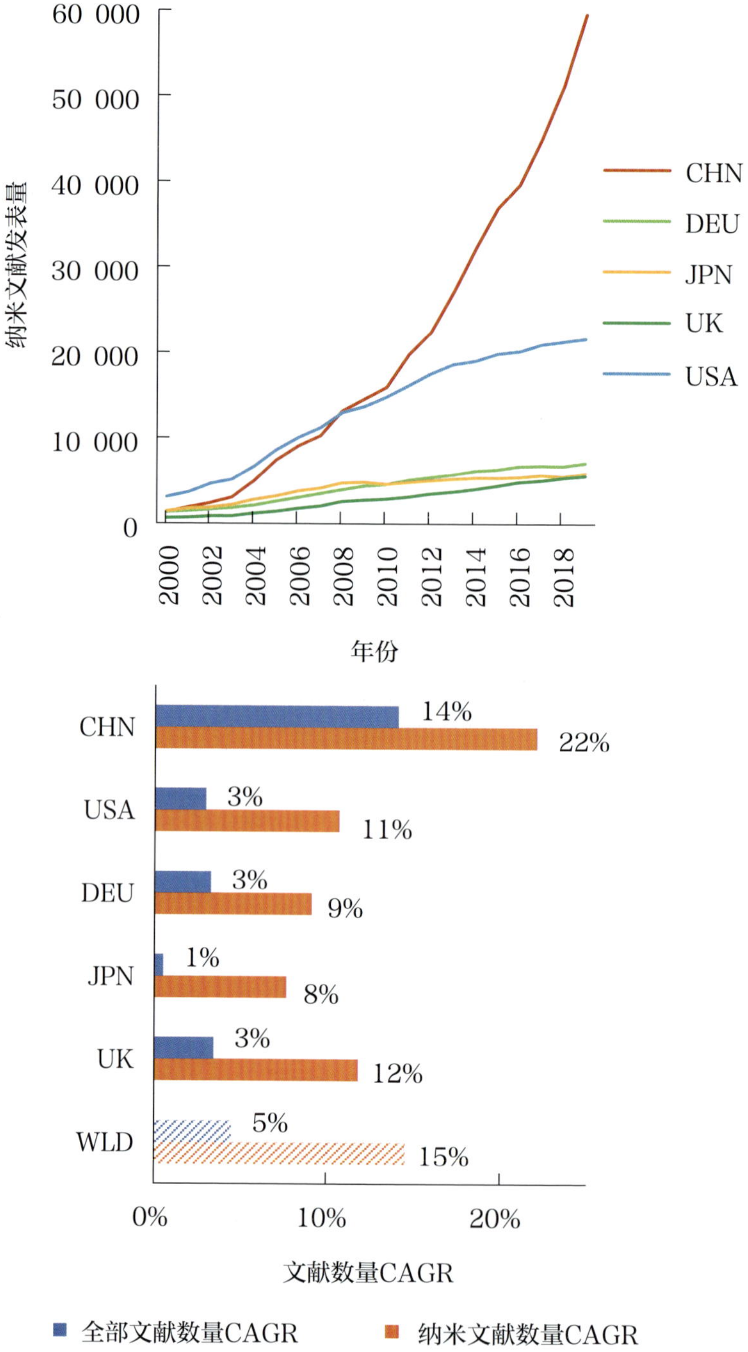

| 第1章 纳米科技学术产出与学术影响力 |

图1-5 对标国家纳米相关学术文献发表量(左)与纳米文献发表量复合年均增长率(CAGR)(右)(2000～2019年)(CHN-中国，DEU-德国，JPN-日本，UK-英国，USA-美国，WLD-全球)

数据源：Scopus

| 第1章 纳米科技学术产出与学术影响力 |

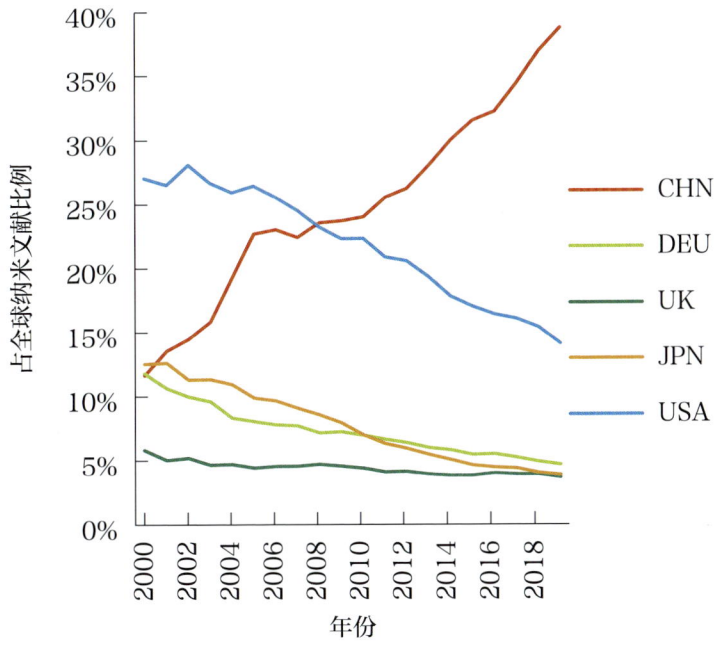

图 1-6　各国纳米文献占全球纳米文献比例（2000～2019 年）

数据源：Scopus

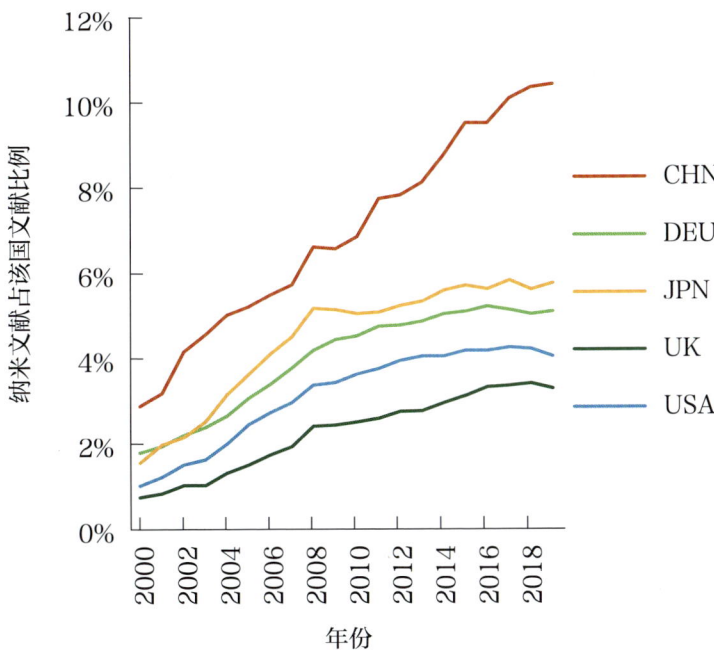

图 1-7　各国纳米文献占该国所有文献比例（2000～2019 年）

数据源：Scopus

这是因为各国的高产出学科有差异。根据 Scopus 数据库统计，2000~2019 年，中国学术产出前四名的学科是：工程学、材料科学、物理与天文学、化学，这些学科与纳米科技的联系更紧密（以该学科中纳米文献的占比来测量，见后续分析）；美国学术产出最高的两个学科是医学和生物学，截至目前，这些学科中纳米文献的比例比工程学、材料科学、物理、化学中低。德国、英国、日本也观察到类似的学科差异。

1.3 纳米科技学术影响力变化趋势

1.3.1 纳米科技归一化影响因子高于全学科平均，中国纳米科技归一化影响因子保持增长

归一化影响因子（Field-Weighted Citation Impact，FWCI）在一定程度上反映了被评估主体发表文章的学术影响力，相比于总被引次数，FWCI 从被评估主体发表文章所获得的总被引次数相比于与其同类型发表文章（相同发表年份、相同发表类型和相同学科领域）所获得的平均被引次数的角度出发，能够更好地规避不同规模的发表量、不同学科被引特征、不同发表年份带来的被引数量差异。如果 FWCI 为 1 意味着被评估主体的文章被引次数正好等于整个 Scopus 数据库同类型文章的平均水平。

如图 1-8 所示，全球纳米文献 FWCI 略有下降，但仍高于全球所有文献平均 FWCI。2000~2019 年间全球纳米文献 FWCI 呈现下降趋势，以 2015~2019 为时间窗口，全球纳米文献 FWCI 稍有上升。全球纳米文献 FWCI 的下降主要是同期全球纳米文献数量的增长快于引用的增长速度（图 1-9）。另外，这与纳米科技的发展阶段有关系，2000~2005 年的早期阶段，有多篇经典文献被引量极高，这些极高被引文献会影响早期纳米文献的 FWCI。

在国家层面，中国纳米文献 FWCI 从 2000 的 1.30 增长至 2019 年的 1.86，二十年间中国纳米文献 FWCI 提高了 43%，拉动了中国学术产出的平均 FWCI 增长，说明纳米研究对于提升中国学术影响力有重要贡献。美国纳米文献 FWCI 在 2000~2005 年保持较高水平，之后有所下降，但在对标国家中仍处于领先。2019 年，美国纳米文献 FWCI 被中国超越，但仍然高于全球平均以及德国、日本、英国。

1.3.2 纳米文献的引用占比高于全学科领域平均

被引次数是衡量科研产出的学术影响力的直接指标，体现学术文献对于其他学术产出的影响，在衡量学术影响力时被广泛使用。但被引次数会随着时间的累积而

第1章 纳米科技学术产出与学术影响力

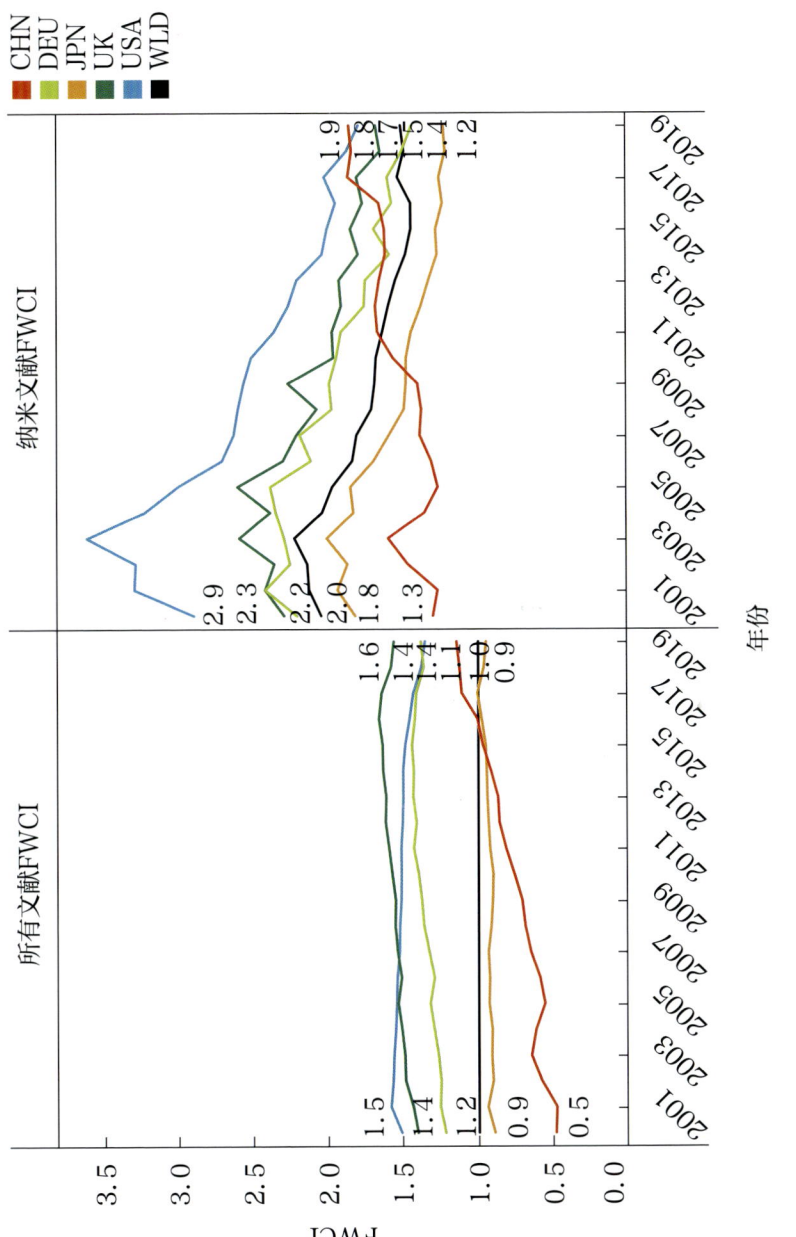

图1-8 全球及各国纳米文献FWCI的变化趋势及其与所有文献FWCI的对比（2000~2019年）
（CHN-中国，DEU-德国，JPN-日本，UK-英国，USA-美国，WLD-全球）
数据源：Scopus

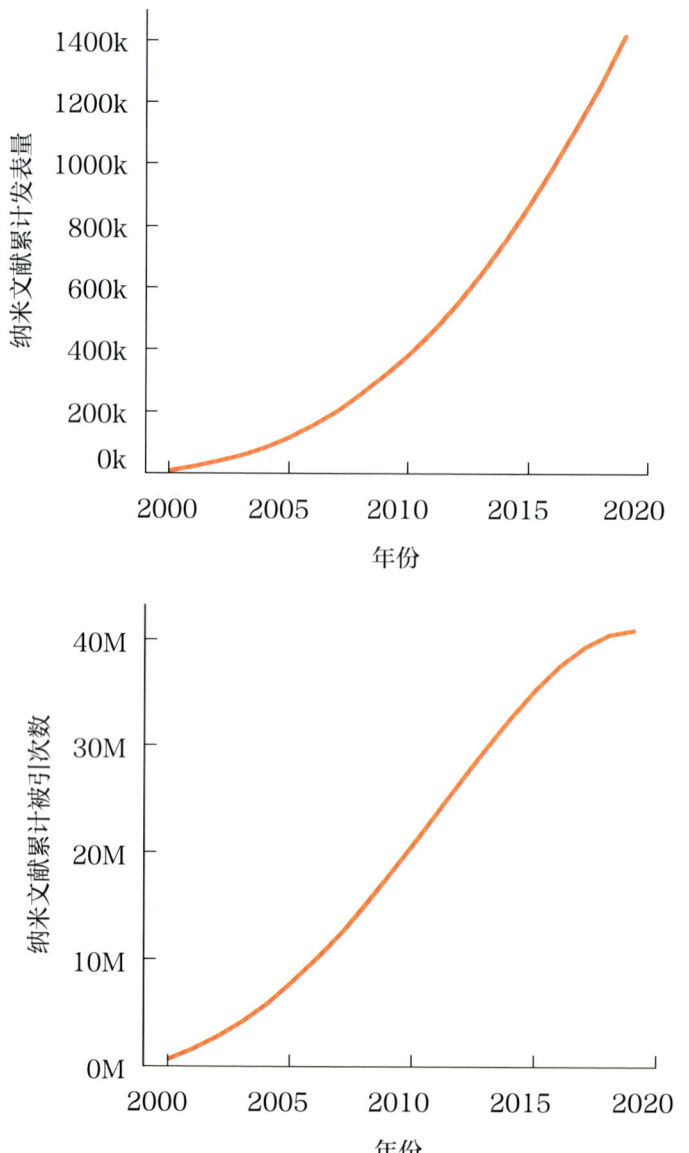

图 1-9 全球纳米文献累计发表量与累计被引次数变化趋势（2000～2019 年）
数据源：Scopus

增长,且发表量的规模也会影响被引数量,为了去除以上差异,本报告通过引用占比(即该国纳米文献的被引量/该国所有文献被引量)来衡量全球及重点国家的纳米文献被引用情况。

如图1-10所示,纳米文献的被引用变化趋势为:

1) 全球及对标国家,纳米文献的引用量占所有文献引用量的比例持续增长,说明纳米文献对于引用的贡献越来越大。

2) 纳米文献对于引用的贡献持续高于对发表量的贡献,例如,2019年全球6.2%的文献与纳米相关,这些文献的被引量占到全球的12.6%。

1.3.3 全球13.6%高被引论文与纳米有关,远高于其他领域

前1%高被引文献是指引用次数达到全球前1%的文章,反映了被评估主体的卓越学术影响力。本节将评估引用次数达到世界前1%[11]的纳米文献数量与比例,以反映纳米科技的卓越学术影响力。

如图1-11所示,2000~2019年,全球11%的高被引文献(被引次数居前1%)与纳米相关,且该比例在逐年增长,2000年全球有4.2%的高被引文献与纳米相关,至2019年全球有13.6%的高被引文献与纳米相关。

对于各个对标国,纳米研究对各国高影响力学术产出也非常重要,尤其是中国,2000~2019年,中国前1%高被引文献中有25%的文献与纳米相关,体现了纳米科技对中国卓越学术产出的重要性。

1.4 机构的纳米科技学术产出与学术影响力分析

机构是参与纳米研究的重要组成单元,本节从机构的角度对全球高产出和领先的科研机构的纳米学术产出与学术影响力进行对比分析。

1.4.1 纳米文献发表量前二十的机构

本部分选择2010~2019年全球纳米文献发表量前20名的机构[12]进行纳米学术产出与学术影响力的对比分析。如图1-12所示,在学术产出方面,前20名机构中11所机构来自中国。其中,中国科学院(CAS)的纳米文献数量位居全球第一,

---

11 被引次数居于27个ASJC一级学科的全球1%的文献。
12 在排名时,合并了11所加州大学分校、98所马普学会的研究机构后参与排名。

第1章 纳米科技学术产出与学术影响力

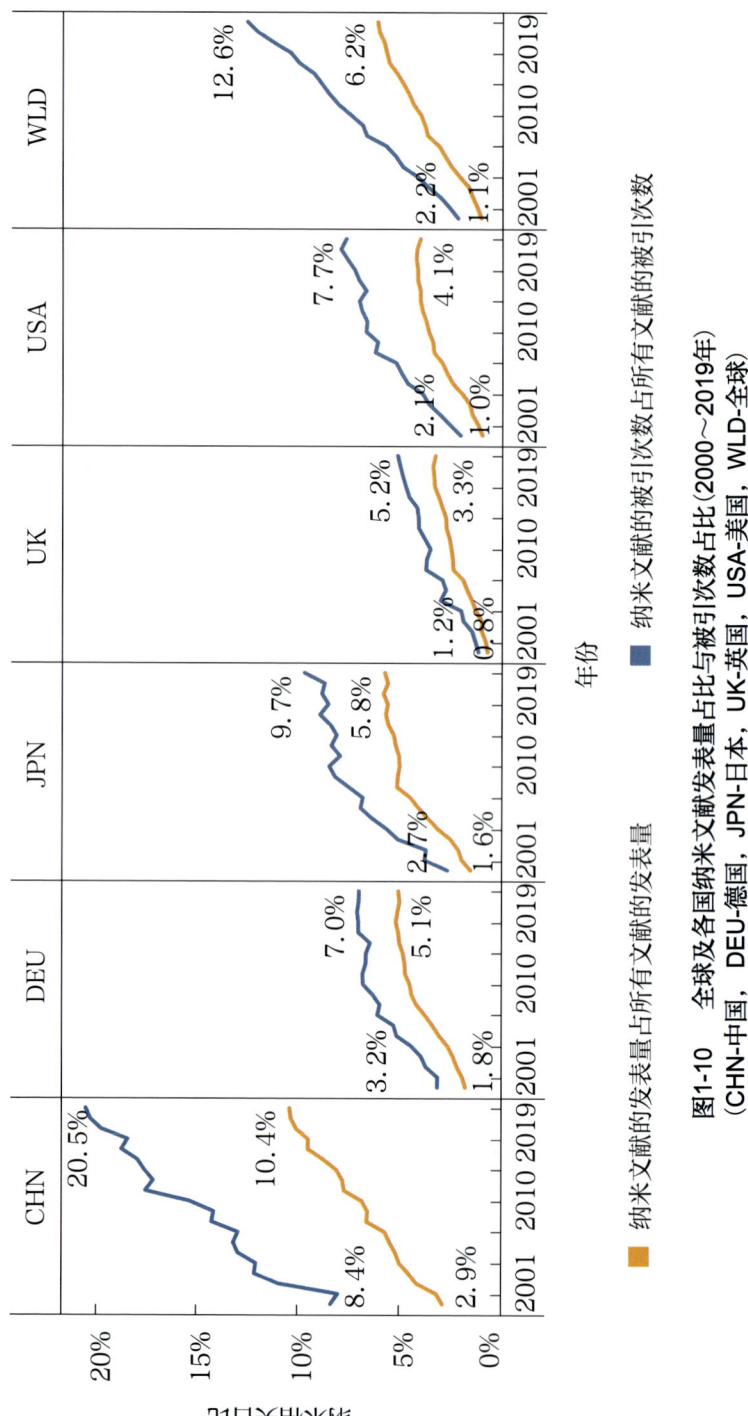

图1-10 全球及各国纳米文献发表量占比与被引次数占比（2000~2019年）
（CHN-中国，DEU-德国，JPN-日本，UK-英国，USA-美国，WLD-全球）

数据源：Scopus

| 第1章 纳米科技学术产出与学术影响力 |

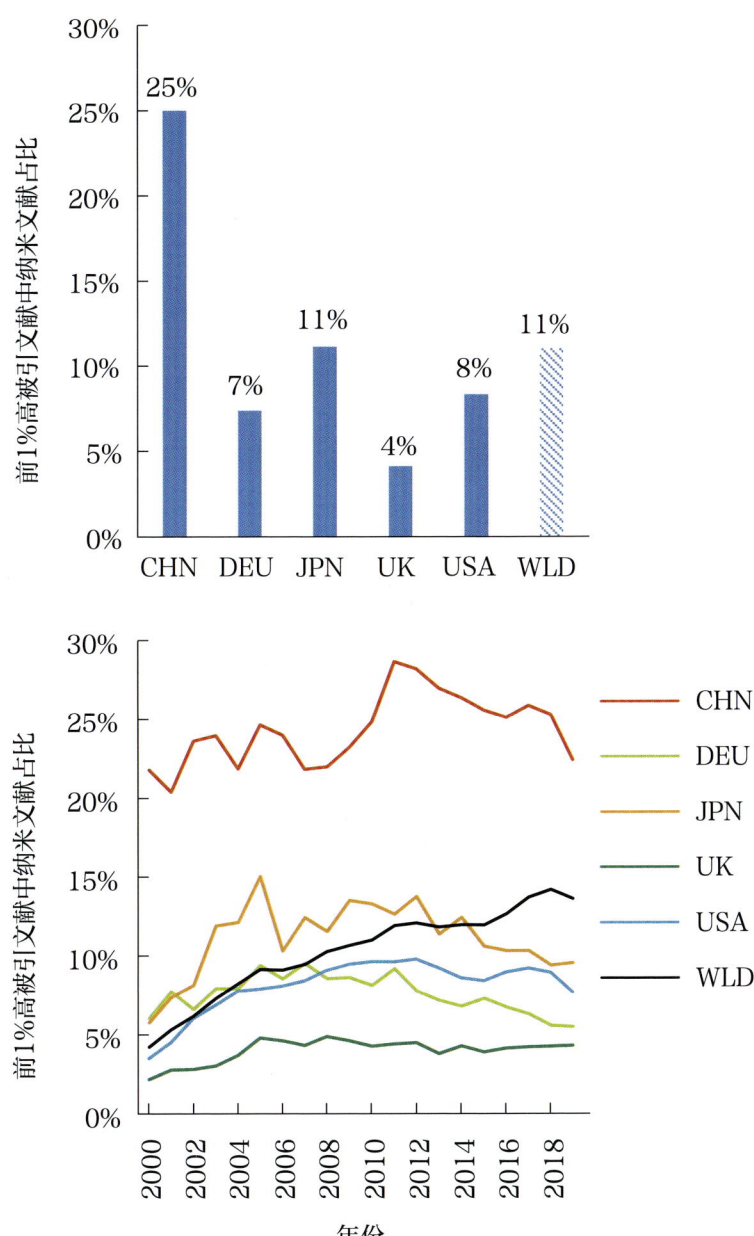

图1-11 全球1%高被引文献中纳米文献的占比以及占比变化趋势（2000～2019年）
（CHN-中国，DEU-德国，JPN-日本，UK-英国，USA-美国，WLD-全球）

数据源：Scopus

| 第1章 纳米科技学术产出与学术影响力 |

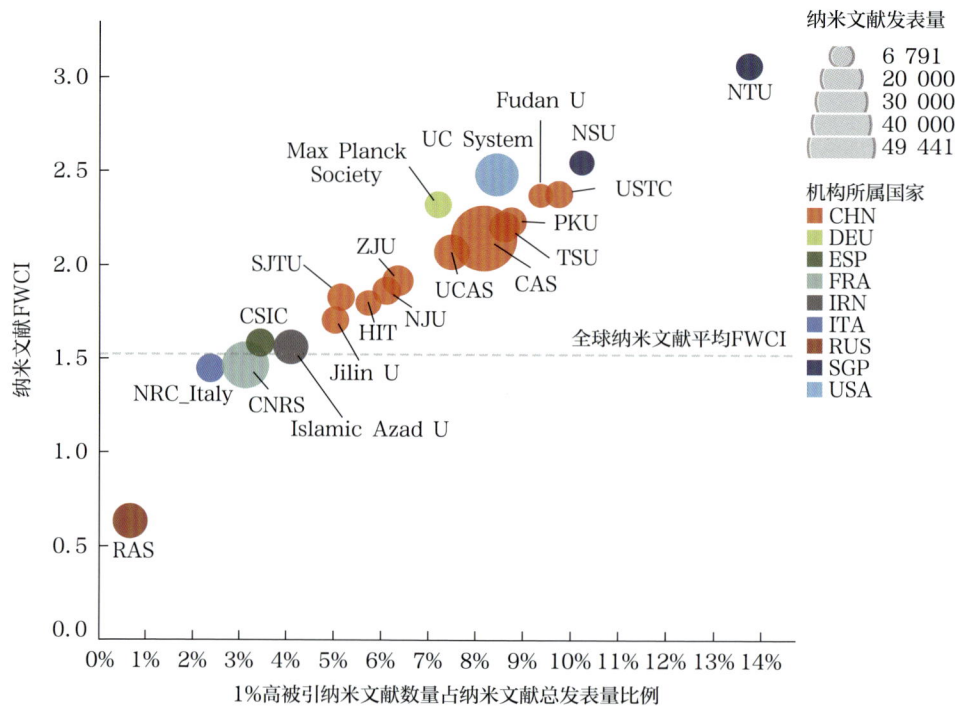

图 1-12 全球纳米文献发表量前二十机构的纳米文献数量与学术影响力（2010～2019 年）（NTU-南洋理工大学，NSU-新加坡国立大学，USTC-中国科学技术大学，PKU-北京大学，TSU-清华大学，Fudan U-复旦大学，UC System-加州大学系统，Max Planck Society-含马普学会 98 个研究所，UCAS-中国科学院大学，CAS-中国科学院，ZJU-浙江大学，NJU-南京大学，HIT-哈尔滨工业大学，SJTU-上海交通大学，CSIC-西班牙国家研究委员会，Jilin U-吉林大学，Islamic Azad U-伊斯兰自由大学，CNRS-法国国家科学研究中心，NRC_Italy-意大利国家研究委员会，RAS-俄罗斯科学院）

数据源：Scopus

且是第二名法国国家科学研究中心（CNRS）的两倍（分别发表 49 441 篇、25 266 篇），加州大学系统（含 11 所加州大学分校）排名第三，中国科学院大学位居第四，俄罗斯科学院（RAS）位居第五。

以 FWCI 为学术影响力衡量指标，发文量前 20 名机构中有 17 所机构的纳米文献 FWCI 高于全球纳米文献 FWCI，中国科学技术大学和复旦大学分别位居四五位，中国科学院排名第九。前 1%高被引文献与 FWCI 成正相关，说明了高被引文献对于提升机构学术影响力的重要性。

此外，纳米研究对于这些机构自身的学术产出与影响力也很重要，以图 1-13 的中国机构为例，这些机构有 8%～17%的学术成果与纳米相关，同时这些机构 13%～27%的引用是来自纳米相关文献。

| 第1章 纳米科技学术产出与学术影响力 |

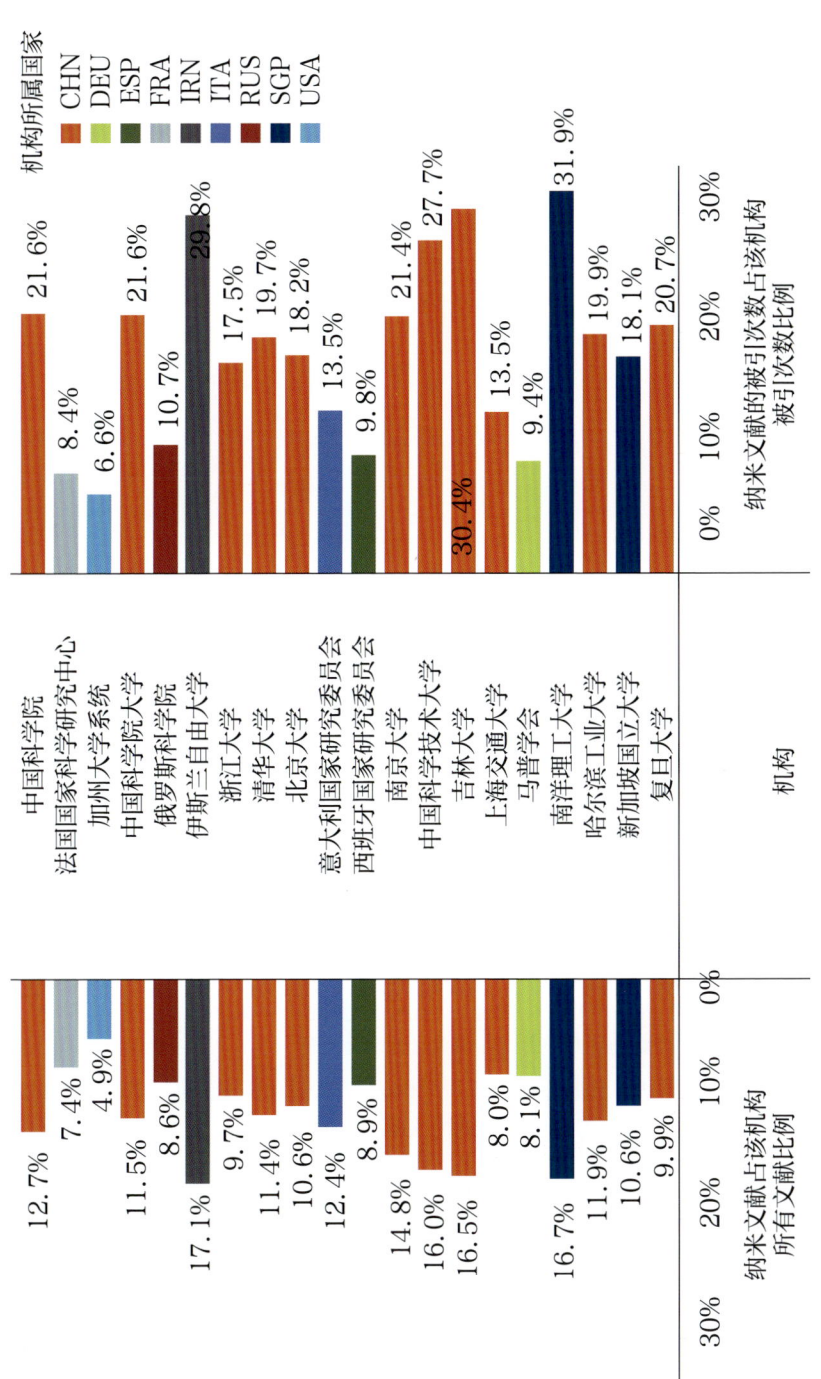

图1-13 全球纳米发文量前二十名机构的纳米文献发表量与被引[次数]被引[次数]占该机构比例（2010~2019年）
（按纳米文献发表量从高到低排序）

数据源：Scopus

1.4.2 国家纳米科学中心与全球领先机构对比

除了发文量靠前的机构外,本报告也挑选了(部分)全球纳米研究的领先机构,与国家纳米中心进行对标分析。通过将国家纳米科学中心的纳米文献学术产出及学术影响力与国际一流机构对比,可以看出国家纳米科学中心的纳米文献学术影响力在与世界一流机构对标中居于前列。

如图1-14所示,在学术产出方面,2010~2019年,国家纳米科学中心的纳米文献发表量在所有对标机构中居于中位,主要是作者数量的规模差异所致。进一步分析人均产出[13],美国橡树岭国家实验室、德国马普学会胶体与界面研究所、国家纳米科学中心居前三位。

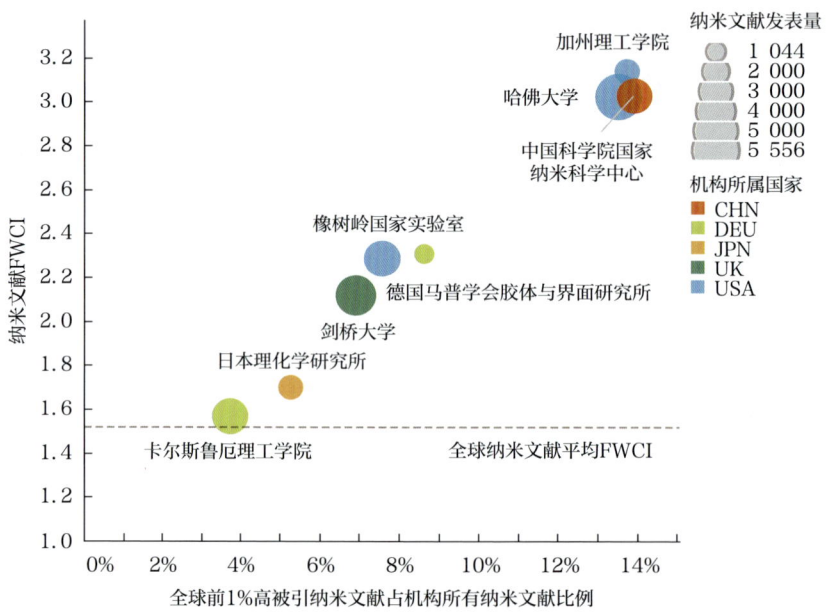

图 1-14 2010~2019 年国家纳米中心与一流研究机构的纳米学术产出与学术影响力对比
(图中气泡的大小代表纳米文献发文量大小)
数据源:Scopus

在学术影响力方面,2010~2019年,加州理工学院、哈佛大学、国家纳米科学中心的纳米文献 FWCI(图 1-14 中 Y 轴)居于前三,国家纳米科学中心的前 1%高被引纳米文献比例(图 1-14 中 X 轴)在所有对标机构中居于首位,说明国家纳米科学中心、加州理工学院、哈佛大学的纳米学术产出具有较高学术影响力。

---

13 人均产出以该构纳米文献数量/机构发表纳米文献的作者数量来表示。

第 2 章 纳米科技对基础科学的贡献

本章首先通过知识流动图谱,展示纳米科技在基础科学中的普适性特征。此外,依据纳米科技在各个学科内的学术产出与影响力,评估纳米科技对于各个学科的贡献。最后,报告对比分析了在各个对标国家中纳米科技对基础科学的影响。本章学科分类参考 Scopus 的 27 个一级学科分类。

| 第 2 章 纳米科技对基础科学的贡献 |

关键发现

物质科学

在物质科学领域发表的纳米相关文献最多，其中，材料科学、化学、物理与天文学、化学工程超过 12%的文献与纳米相关，材料科学是发表纳米相关文献最多的学科（2000～2019 年）。

生命科学

纳米科技在生命科学领域发文量增长最快，2000～2019 年，"免疫与微生物学"中与纳米相关的文献发表量增速是该领域平均水平的 5.1 倍，"生物化学、遗传学与分子生物学"中是 4.4 倍，"药理、毒理学和药物学"中是 4 倍。

工程学、能源、药理学

纳米科技显著提升了多个学科的学术影响力，对工程学、能源、药理学最为突出。在工程学中纳米相关的文献 FWCI 是该学科平均 FWCI 的 1.9 倍，其次提升较大的是药理学（1.8 倍）和能源（1.75 倍）（2000～2019 年）。

中美学科差异

中国在物理与天文学、化学、化学工程、药理学的纳米文献比例高于美国及全球。美国在能源、工程学、材料科学的纳米文献比例高于中国及全球（2000～2019 年）。

89%

全球 89%的热点研究主题[14]与纳米相关（至少含有 1 篇纳米文献）（2015～2019 年）。

39%

全球 39%的热点研究主题与纳米科技强相关（纳米文献占比达到 10% 及以上）（2015～2019 年）。

---

14 **热点研究主题**：主题显著度得分位居全球前 1%。

第 2 章 纳米科技对基础科学的贡献

2015~2019 年，纳米科技在太阳能电池、石墨烯、锂电池、等离子体超材料、生物传感器、催化剂、半导体量子点、纳米颗粒制药、聚合物等最热门[15]的领域学术产出最多。

2015~2019 年，纳米科技在 DNA 测序与肿瘤治理、废水处理、纤维素、有机金属、活性炭、水净化/淡化、量子计算等最热门领域中应用活跃，文献产出增速较快。[16]

纳米科技作为普适性的科学对多个学科产生了广泛影响，给各个学科带来了新的研究角度和可能性，本章通过各个学科内的纳米文献来衡量纳米科技对基础学科的影响。本部分的学科分类基于 Scopus 的 ASJC 学科分类（学科说明参见附录 C）。在本章的学科分析中，综合考虑纳米科技在各学科中学术产出规模与影响力，报告选择了九个学科作为重点分析对象。

2.1 普适性：基础科学中的纳米科技

2.1.1 纳米科技的知识流动图谱

基于 2015~2019 年纳米文献的参考文献以及施引文献的学科分布，报告绘制了纳米科技的知识流动图谱[17]，从宏观层面显示纳米科技对各个基础科学领域的影响。整体来看，纳米科技在物质科学中广泛分布，并且在向生命科学、健康科学渗透，说明纳米科技作为普适性科学正在与多个学科融合。

如图 2-1 所示，纳米文献的知识来源（参考文献）主要来自化学工程与化学、材料科学、物理与天文学、工程学、"生物化学、遗传学与分子生物学"、能源等，这与纳米文献的学科分布相似。此外，随着纳米科技在生命和健康学科的发展，纳米科技的参考文献也向健康科学、环境科学、"药理、毒理学和药物学"以及基础科学的其他领域延伸。

在知识的流出方向（图 2-2），化学工程与化学、材料科学、工程学、物理与天文学、"生物化学、遗传学与分子生物学"、能源是纳米文献最主要的输出领域。此外，环境科学、"药理、毒理学和药物学"、健康科学（如医学、牙医学等）也会参考纳米相关文献。

---

15 主题聚类显著度得分位居前 5%。

16 主题聚类显著度得分位居前 5%，基于 2015~2019 年纳米文献 CAGR 排序，且纳米相关文献发表量 >2000 篇，且不含纳米发文量最高的十个主题。

17 本节知识图谱中学科的分类与 ASJC 学科的对应关系请参见附录 C。

| 第 2 章 纳米科技对基础科学的贡献 |

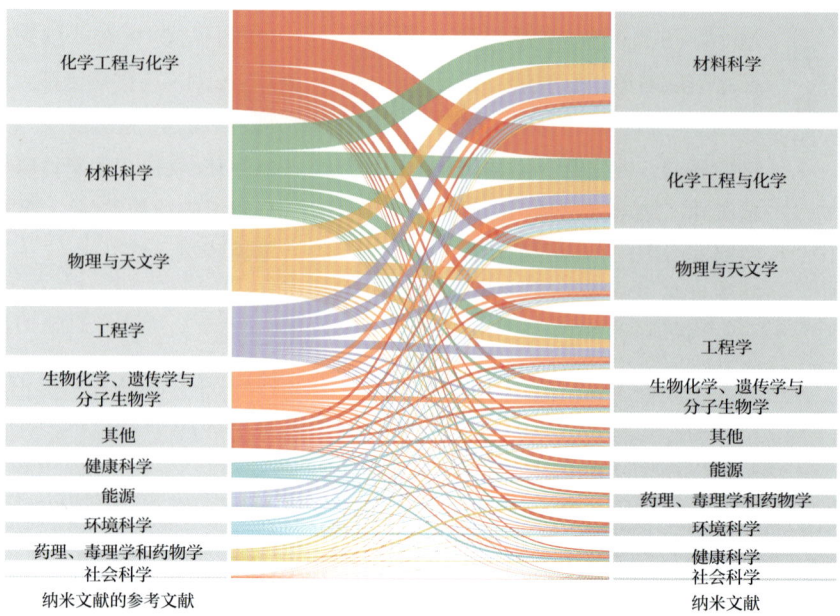

图 2-1　纳米文献的知识流入端图谱（2015～2019 年）
数据源：Scopus

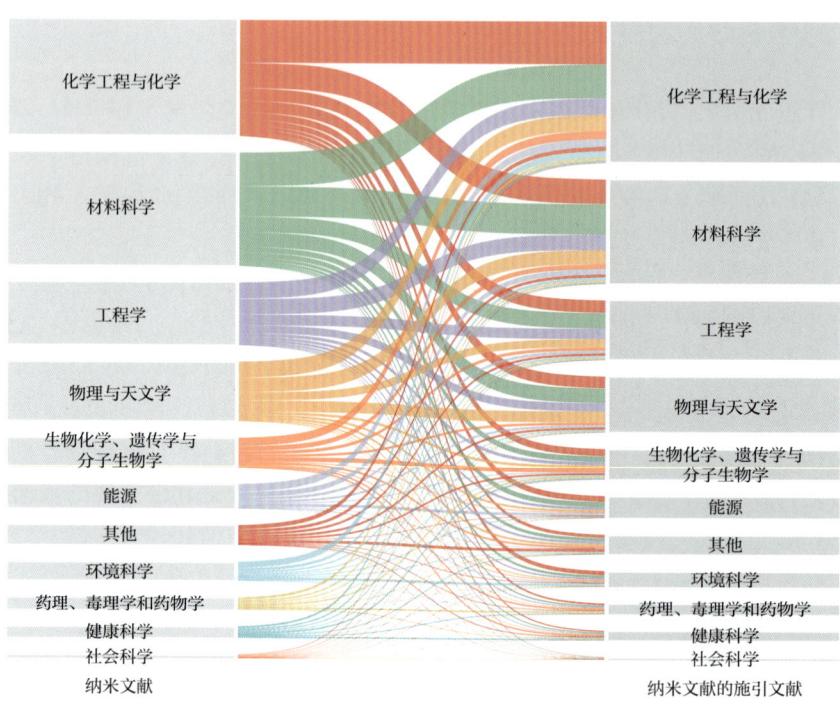

图 2-2　纳米文献的知识流出端图谱（2015～2019 年）
数据源：Scopus

2.1.2 纳米科技对基础学科的学术产出的贡献

各个学科内纳米文献的数量、所占比例以及发文量复合年均增长率,可以从绝对规模、相对份额与增长速度三方面说明纳米科技对各个学科学术产出的影响。

如图 2-3 所示,纳米科技在物质科学领域被广泛应用。其中,材料科学、化学、物理与天文学、工程学、化学工程是发表纳米相关文献最多的学科。纳米在各学科的文献占比可以消除学科自身规模差异的影响,但仍在物质科学中有更高的占比。2000~2019 年,在材料科学、化学工程、化学中纳米文献的占比最高,分别达到 20.7%、17.7%、16.3%。

在增长速度方面,各个重点学科中纳米文献的增速均高于学科平均增速(如图 2-4 所示,相对复合年均增长率[18]>1)。其中,2000~2019 年,在"免疫与微生物学"中纳米文献发表量增速是该领域平均水平的 5.1 倍。

2.1.3 纳米科技对基础学科的学术影响力的贡献

如图 2-5 所示,在重点分析的各个学科中纳米文献的归一化影响因子(FWCI)均高于学科平均归一化影响因子(FWCI)。其中对"工程学"的 FWCI 提升最显著,2000~2019 年,"工程学"中纳米相关文献的 FWCI 是该学科平均 FWCI 的 1.9 倍,其次是"药理、毒理学和药物学"(1.8 倍)和能源(1.75 倍)。

2.1.4 纳米文献对基础学科的贡献:国家篇

(1) 学术产出——纳米文献产量逐年增长、部分学科中占比增加

如图 2-6 所示,2000~2019 年,全球在材料科学、化学工程、化学中纳米文献占比最高,各个国家的学科侧重稍有不同。美国在能源、工程学、材料科学的纳米文献比例高于中国及全球,中国在物理与天文学、化学、化学工程、药理学的纳米文献比例高于美国及全球。各国和全球在免疫与微生物学领域的纳米文献比例最低,但是此学科相对增长率较高(图 2-4),即相对于此学科文献的增速,学科内纳米文献的增长率更高,说明处在学科融合的兴起阶段。

---

18 相对复合年均增长率=纳米文献复合年均增长率(CAGR)/所有文献复合年均增长率(CAGR),即该领域纳米文献增长速度相对于学科平均增速的倍数。

| 第 2 章 纳米科技对基础科学的贡献 |

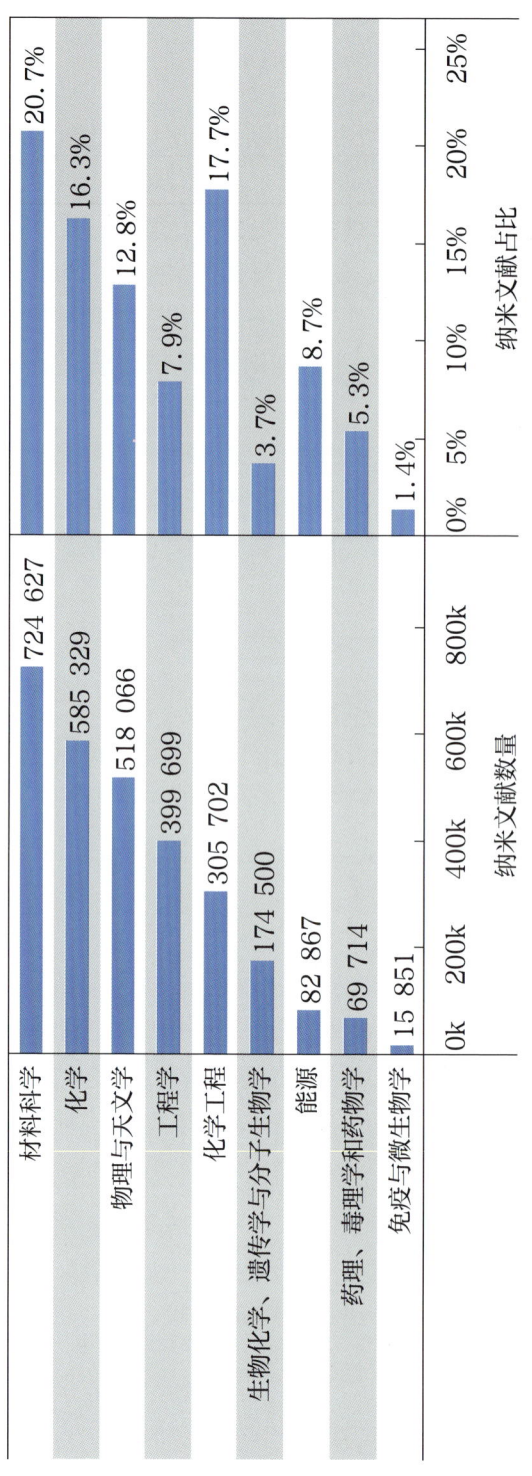

图2-3 学科内的纳米文献发表量及其占比(2000~2019年)
数据源：Scopus

第 2 章 纳米科技对基础科学的贡献

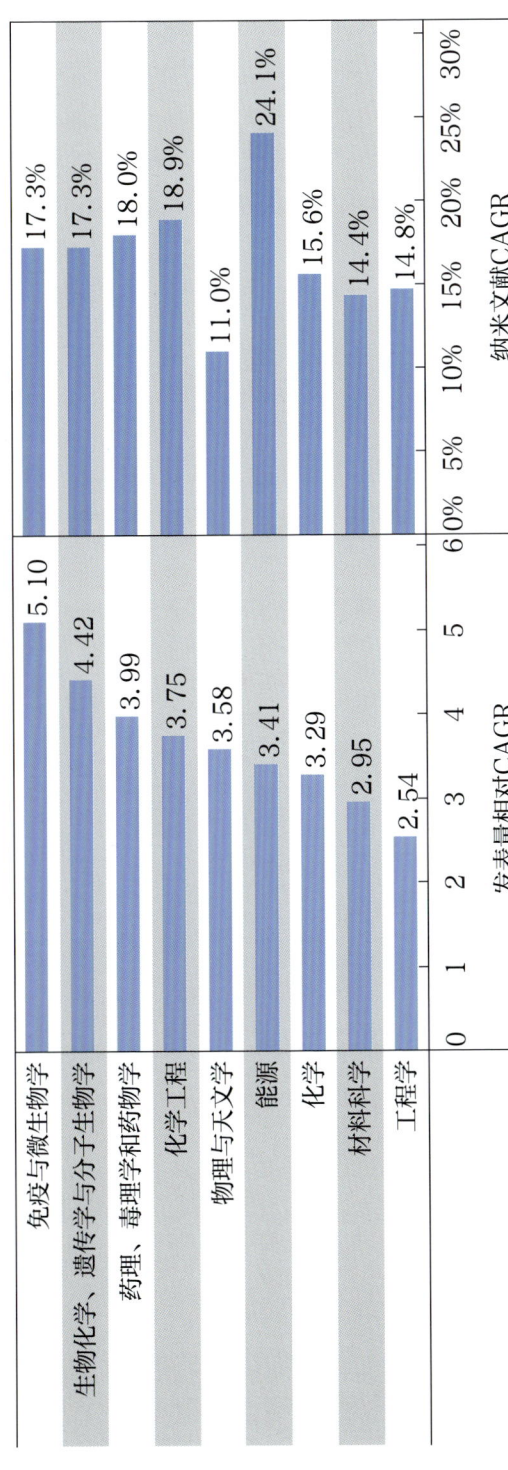

图 2-4 学科内纳米文献发表量相对复合年均增长率与复合年均增长率（2000~2019年）

数据源：Scopus

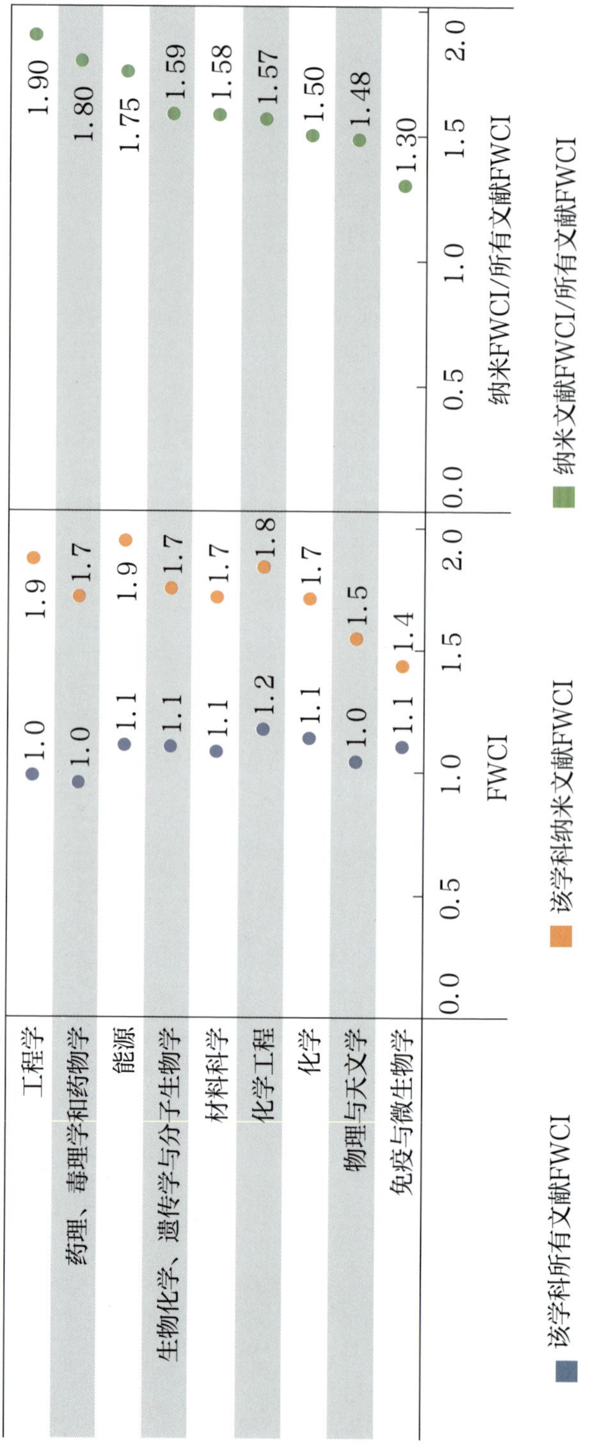

第 2 章 纳米科技对基础科学的贡献

学科	该学科所有文献FWCI	该学科纳米文献FWCI	纳米FWCI/所有文献FWCI
工程学	1.0	1.9	1.90
药理、毒理学和药物学	1.0	1.7	1.80
能源	1.1	1.9	1.75
生物化学、遗传学与分子生物学	1.1	1.7	1.59
材料科学	1.1	1.7	1.58
化学工程	1.2	1.8	1.57
化学	1.1	1.7	1.50
物理与天文学	1.0	1.5	1.48
免疫与微生物学	1.1	1.4	1.30

图 2-5 学科内纳米文献的 FWCI 与该学科平均 FWCI 的对比（2000~2019 年）

数据源：Scopus

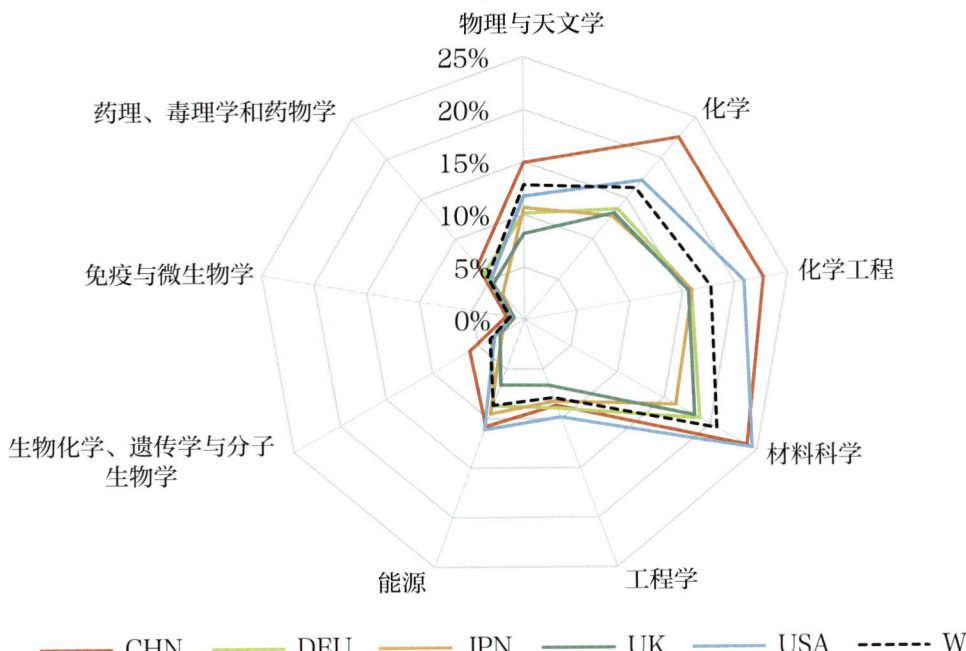

图 2-6　各国及全球在各学科中纳米文献的占比（2000~2019 年）（CHN-中国，DEU-德国，JPN-日本，UK-英国，USA-美国，WLD-全球）

数据源：Scopus

图 2-7 展示了各国和全球各个学科中纳米文献的比例，可以看出，2000~2019 年，在九大学科中纳米文献的比例均在增长。将 2019 年学科中纳米文献的占比与 2000 年相比，所有对标国家的各个学科中纳米文献的比例均有提升。但各个国家在不同学科内纳米文献比例的增长速度稍有差异。

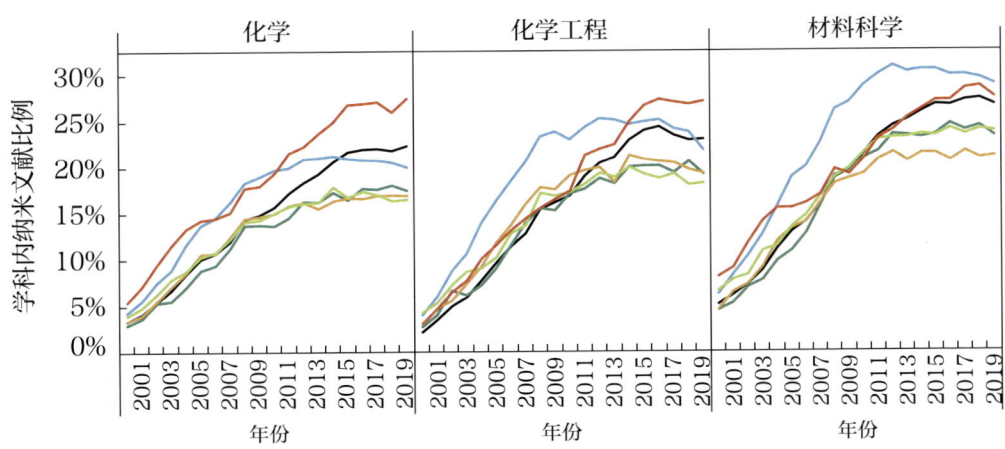

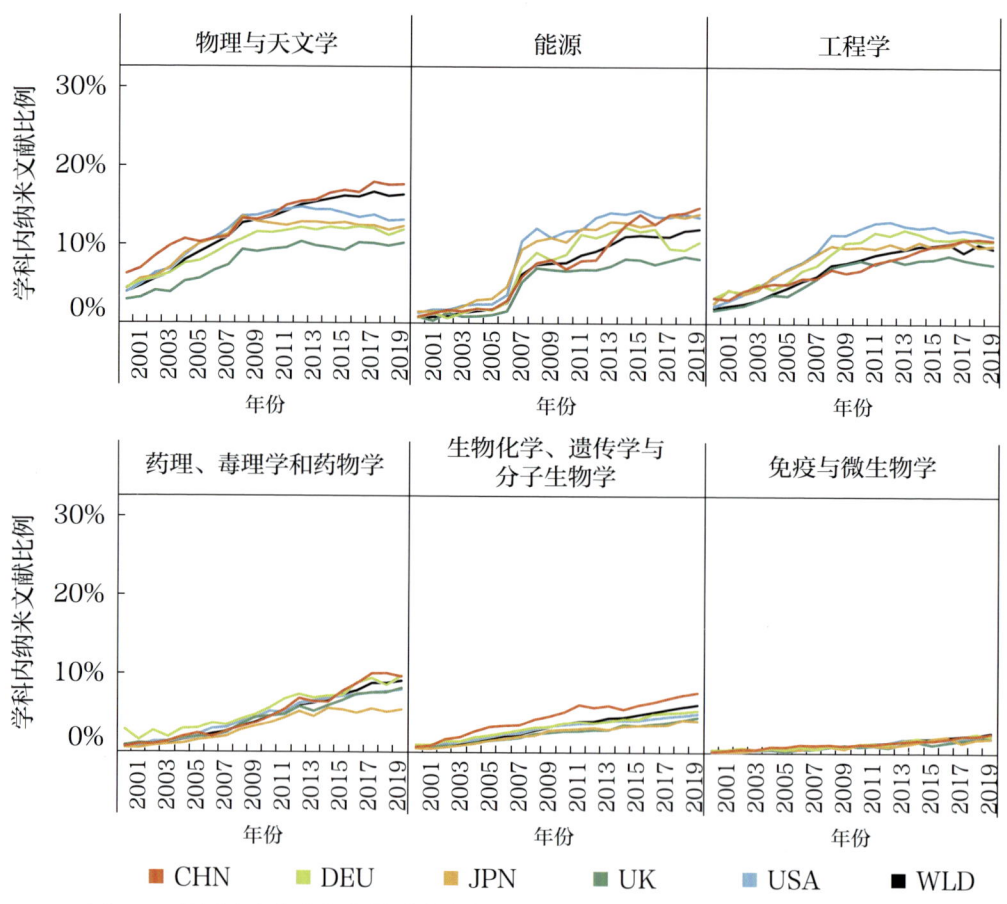

图 2-7　各国及全球在各个学科中纳米文献所占比例变化趋势（2000～2019 年）
（CHN-中国，DEU-德国，JPN-日本，UK-英国，USA-美国，WLD-全球）

数据源：Scopus

(2) 学术影响力——纳米科技显著提升了中国的学术影响力

如图 2-8 所示，纳米科技提升了各对标国在多个学科的学术影响力。在图 2-8 所示学科中，各国以及全球的学科内纳米文献的 FWCI 均高于该学科平均水平。

对中国各学科的学术影响力提升显著。2000～2019 年，中国在以下多个学科中影响力低于欧美和世界平均水平，但是与纳米科技融合后，学科影响力均有提升，尤其是在能源和"生物化学、遗传学与分子生物学"领域 FWCI 排名提升显著。

第 2 章 纳米科技对基础科学的贡献

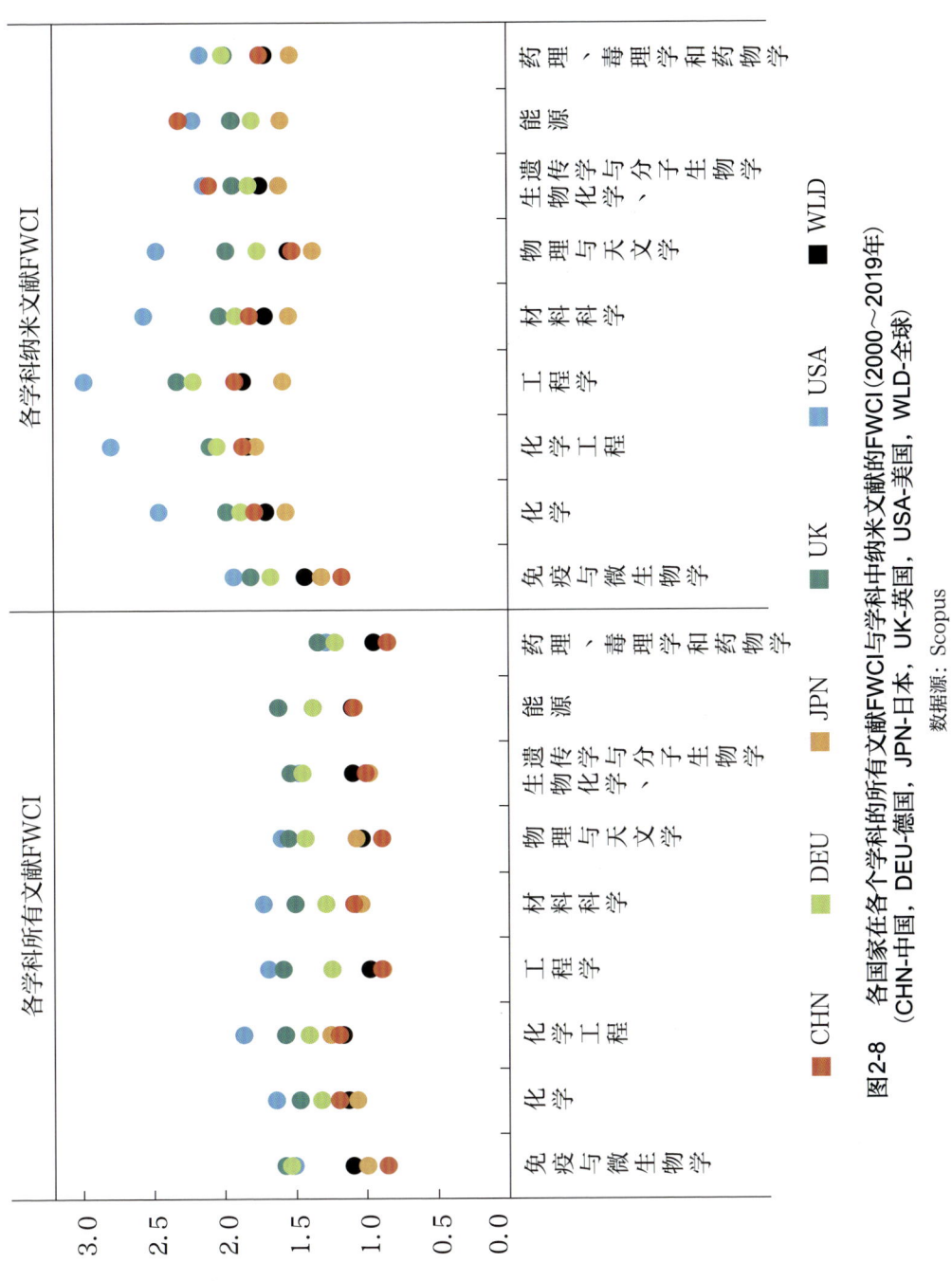

图 2-8 各国家在各个学科的所有文献 FWCI 与学科中纳米文献的 FWCI（2000～2019 年）（CHN-中国，DEU-德国，JPN-日本，UK-英国，USA-美国，WLD-全球）

数据源：Scopus

2.2 先进性：热点研究中的纳米科技

高显著度研究主题代表了最受关注、最热门和最有潜力的研究主题，是极有发展前景的研究方向。本节将评估纳米科技对当前最热点研究的影响。

在 Scopus 数据库中，所有的文章通过直接被引的算法归类于约 96 000 个研究主题，在具体一个研究主题中的文章之间是强被引关系，弱被引关系的文章将被归于不同的研究主题。一个研究主题是一群具有共同研究兴趣的文章集合，代表了这些文章研究内容的共同焦点。

每个研究主题有一个全球显著度得分，显著度得分是给定主题的引用、浏览和期刊影响力的线性组合，其中每个因素通过主题标准差来标准化，有关研究主题得分的具体算法参见附录 A。

已有相关研究表明，该指标体现了该研究主题被全球学者的关注度、热门程度和发展势头，并且显著度与研究资金、补助等呈现正相关关系，通过寻找显著度高的研究主题，可以指导科研人员及科研管理人员获得更多的基金资助。在全球 96 000 个研究主题中，显著度得分位居前 1% 的研究主题（约 960 个）代表了全球学者们最关注、研究热门和最具发展势头的研究主题。

主题聚类是通过将具有相似研究兴趣的主题聚集在一起而形成的，从而形成了一个更广阔、更高层次的研究领域。使用创建主题的相同直接引用算法可生成 1 600 多个主题聚类，当主题之间的引用链接的强度达到阈值时，就会形成主题聚类。96 000 个主题中的每个主题都与 1 600 个主题聚类之一匹配。与主题一样，研究人员或机构可以贡献多个主题聚类，但是一个主题只能属于一个主题聚类，而出版物只能属于一个主题（因此也属于一个主题聚类）。

本节将分析在全球最热门的研究主题中纳米科技的表现。并通过主题聚类了解目前纳米科技产出最多和增长最快的热点研究。

2.2.1 纳米科技在热点研究主题中的覆盖度

全球前 1% 高显著度研究主题代表了当前最受关注、最热门的研究方向，根据在这些高显著度研究主题中纳米文献的比例划分纳米文献与该主题的关联度，并统计与纳米科技有不同关联强度的主题个数，如表 2-1 所示：

- 全球 89% 的高显著度主题与纳米科技相关（至少含有 1 篇纳米文献），这些主题广泛分布在多个学科领域（图 2-9）。

- 全球 39%高显著度主题与纳米科技强相关(该主题中纳米文献比例不低于 10%),其中有 26 个前 1%高显著度研究主题(占全球前 1%高显著度研究主题的 3%)中纳米文献的占比达到 90%以上。

表 2-1 在全球前 1%显著度研究主题中纳米文献的发文占比分布(2015～2019 年)

纳米与高显著度主题的关联度	与纳米研究相关的全球前 1%高显著度主题个数	占所有高显著度主题比例 (2015～2019 年)
主题中与纳米相关文献占比:≥90%	26	3%
主题中与纳米相关文献占比:70%～90%	68	7%
主题中与纳米相关文献占比:50%～70%	63	7%
主题中与纳米相关文献占比:30%～50%	67	7%
主题中与纳米相关文献占比:10%～30%	151	16%
主题中与纳米相关文献占比:5%～10%	68	7%
主题中与纳米相关文献占比:1%～5%	188	20%
主题中与纳米相关文献占比:<1%(>0%)	226	24%
主题中不含与纳米相关文献	102	11%

数据源:Scopus, SciVal

分析各个学科内最热门研究主题(主题显著性得分位居全球前 1%)与纳米科技的相关性,可更深入了解纳米科技对学科内的最受关注的研究主题的影响。如图 2-10 所示[19],在 18 个 ASJC 学科[20]中超过 70%的高显著主题涉及至少一篇纳米文献,16 个 ASJC 学科中含有与纳米强相关的研究主题(强相关即该主题内纳米文献比例不低于 10%)。其中材料科学、物理与天文学、化学、化学工程、工程学、能源、"药理、毒理学和药物学"中,至少 42.9%的最热门研究主题[21]与纳米强相关。

2.2.2 纳米科技相关的最热门研究主题聚类

主题聚类是通过将具有相似研究兴趣的主题聚集在一起而形成的,从而形成了一个更广阔、更高层次的研究领域。在研究更细致的主题之前可以使用这些主题聚

---

19 图 2-10 仅列出包含与纳米强相关的热点研究主题的学科。
20 Scopus 共有 27 个 ASJC 学科。
21 主题显著度得分位居全球前 1%。

第 2 章 纳米科技对基础科学的贡献

类来更广泛地了解一个国家、机构或研究人员/团体正在进行的研究。本节从发文规模和文献增速两方面,分析纳米科技相关的高显著度主题聚类(显著度得分位居全球前 5%的主题聚类)。

(1) 纳米发文量最高的高显著度研究主题聚类(2015～2019 年)

图 2-11 是 2015～2019 年全球纳米文献发表量前十名的高显著度研究主题聚类[22],纳米科技在太阳能电池、石墨烯、锂电池、等离子体超材料、生物传感器、催化剂、半导体量子点、纳米颗粒制药、聚合物等最受关注的研究主题中发文最多。

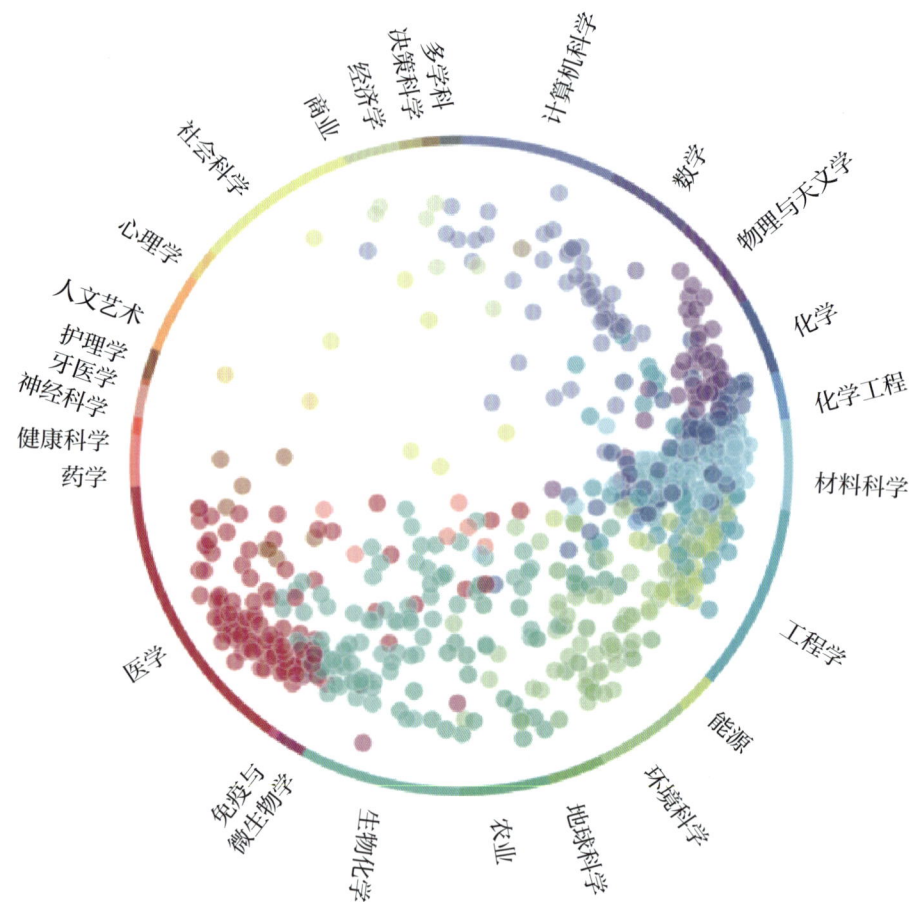

图 2-9　含有纳米文献的全球前 1%高显著度研究主题的学科分布(2015～2019 年)
(每一个点表示一个研究主题,颜色表示主题所属学科)
数据源:Scopus, SciVal

---

22 显著度得分位居全球前 5%的主题聚类。

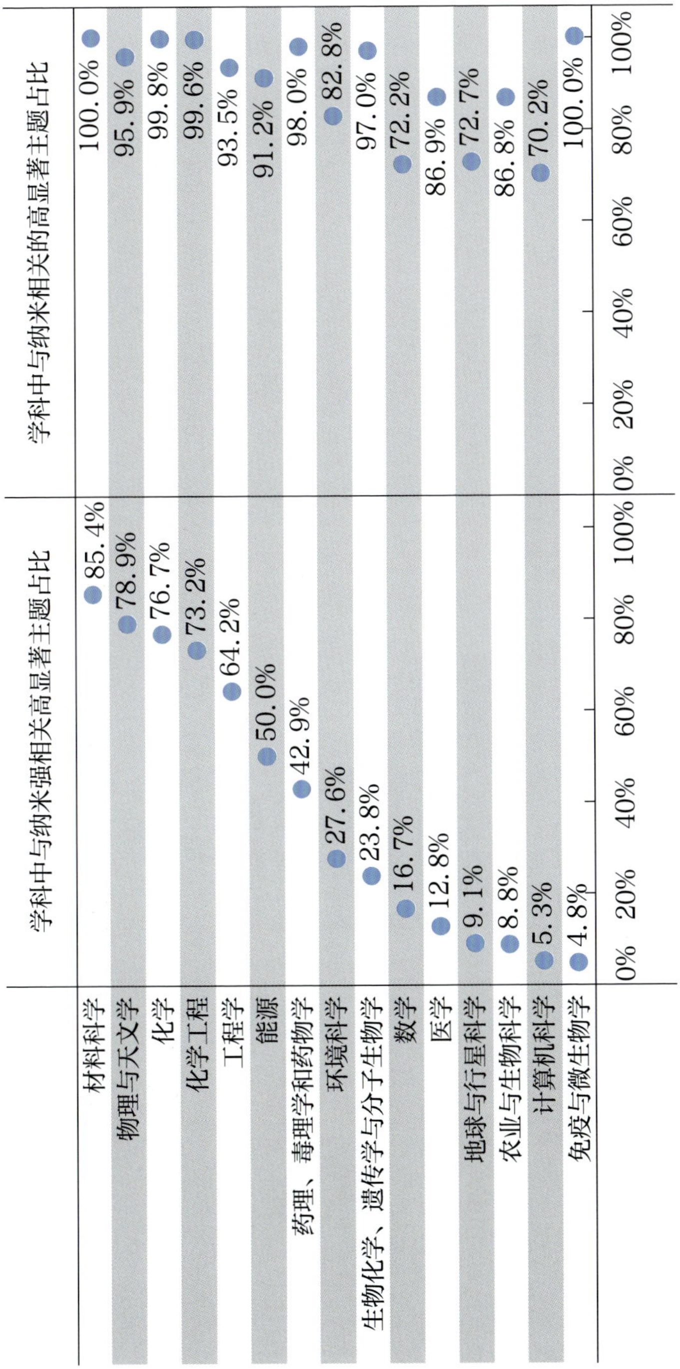
学科中与纳米强相关高显著主题占比
学科中与纳米相关的高显著主题占比
材料科学 85.4% 100.0%
物理与天文学 78.9% 95.9%
化学 76.7% 99.8%
化学工程 73.2% 99.6%
工程学 64.2% 93.5%
能源 50.0% 91.2%
药理、毒理学和药物学 42.9% 98.0%
环境科学 27.6% 82.8%
生物化学、遗传学与分子生物学 23.8% 97.0%
数学 16.7% 72.2%
医学 12.8% 86.9%
地球与行星科学 9.1% 72.7%
农业与生物科学 8.8% 86.8%
计算机科学 5.3% 70.2%
免疫与微生物学 4.8% 100.0%
0% 20% 40% 60% 80% 100%
0% 20% 40% 60% 80% 100%

图2-10 全球各个学科内高显著度研究主题与纳米的关联性分析（2015~2019年）

数据源：Scopus

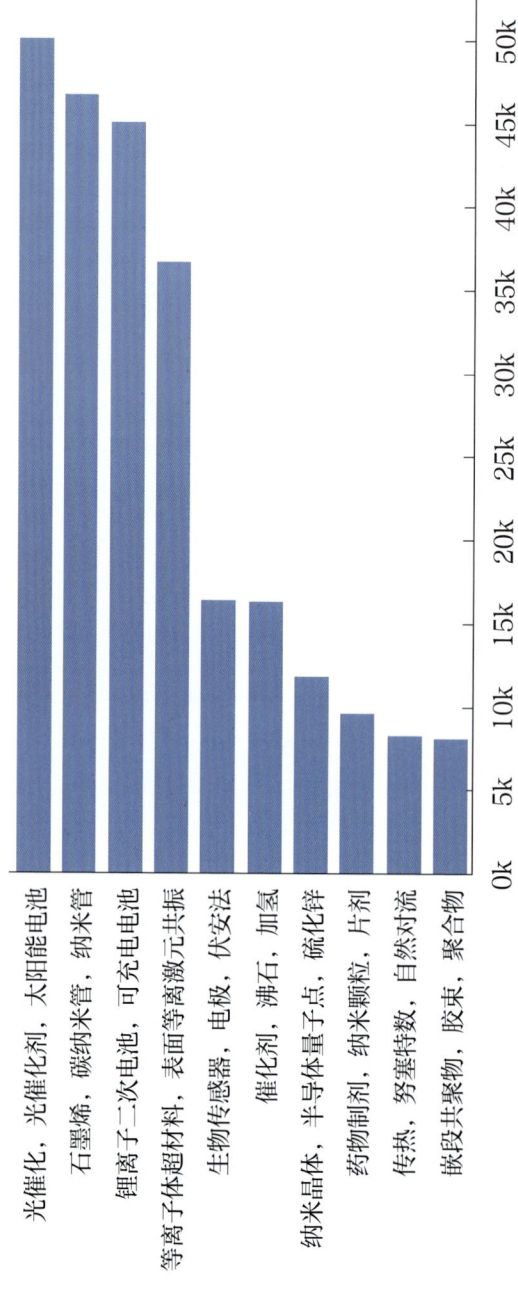

图2-11 纳米发文量前十名的全球前5%高显著度研究主题聚类（2015~2019年）

数据源：Scopus, SciVal

纳米在"光催化，光催化剂，太阳能电池"（Photocatalysis | Photocatalysts | Solar Cells）主题聚类中主要是与"纳米棒""钙钛矿""太阳能电池"等有关，该主题聚类下被引用最高的五篇文章均与"钙钛矿太阳能电池"有关。

纳米在"生物传感器，电极，伏安法"（Biosensors | Electrodes | Voltammetry）主题聚类中主要体现在石墨烯、纳米颗粒、玻璃碳等与生物传感器、电化学的结合，代表性研究包括基于纳米材料和纳米结构的电化学传感器和生物传感器、石墨烯相关材料的电化学等。

纳米在"药物制剂，纳米颗粒，片剂"（Pharmaceutical Preparations| Nanoparticles| Tablets）中的应用，主要是纳米技术在制药中的应用，代表性研究成果包括纳米粒子/纳米颗粒/纳米结构脂质载体等在药物输送系统（Drug delivery）中的应用。

(2) 纳米文献增长最快的高显著度研究主题聚类（2015~2019年）

增长最快的高显著度主题聚类体现了纳米科技与新领域的融合和快速发展。如图2-12所示，2015~2019年全球纳米文献增长最快的十个高显著度研究主题聚类[23]，体现了纳米科技在DNA测序与肿瘤治疗、废水处理、纤维素、有机金属、活性炭、水净化/淡化、量子计算等主题中的活跃应用。

其中，增长最快的是在"MicroRNAs，长链非编码RNA，肿瘤"（MicroRNAs | Long Untranslated RNA | Neoplasms）中的纳米文献，代表性研究包括纳米技术在DNA测序、多肽检测、MicroRNA检测等领域的应用，纳米在靶向治疗药物中传递载体应用等。

此外，与水处理相关的主题聚类有三个："臭氧化，降解，废水处理"（Ozonization | Degradation | Wastewater Treatment），代表性研究如"纳米零价铁及其相关材料在环境修复中的应用"；"水滴，疏水性，接触角"（Drops | Hydrophobicity | Contact Angle），代表性研究包括纳米材料、纳米结构，例如纳米气泡和纳米液滴在亲水性和疏水性上的表现；"膜，淡化，超滤"（Membranes | Desalination |Ultrafiltration），代表性研究如 Nanofiltration/纳米过滤、nanofilms/纳米膜、纳米过滤膜在水淡化、水净化方面的应用。这些热点研究反映了纳米科技在环境治理尤其是水处理应用的快速发展。

---

23 基于2015~2019年纳米文献CAGR排序，且纳米相关文献发文量>2000篇，且不含纳米发文量最高的十个高显著度主题聚类。

| 第 2 章 纳米科技对基础科学的贡献 |

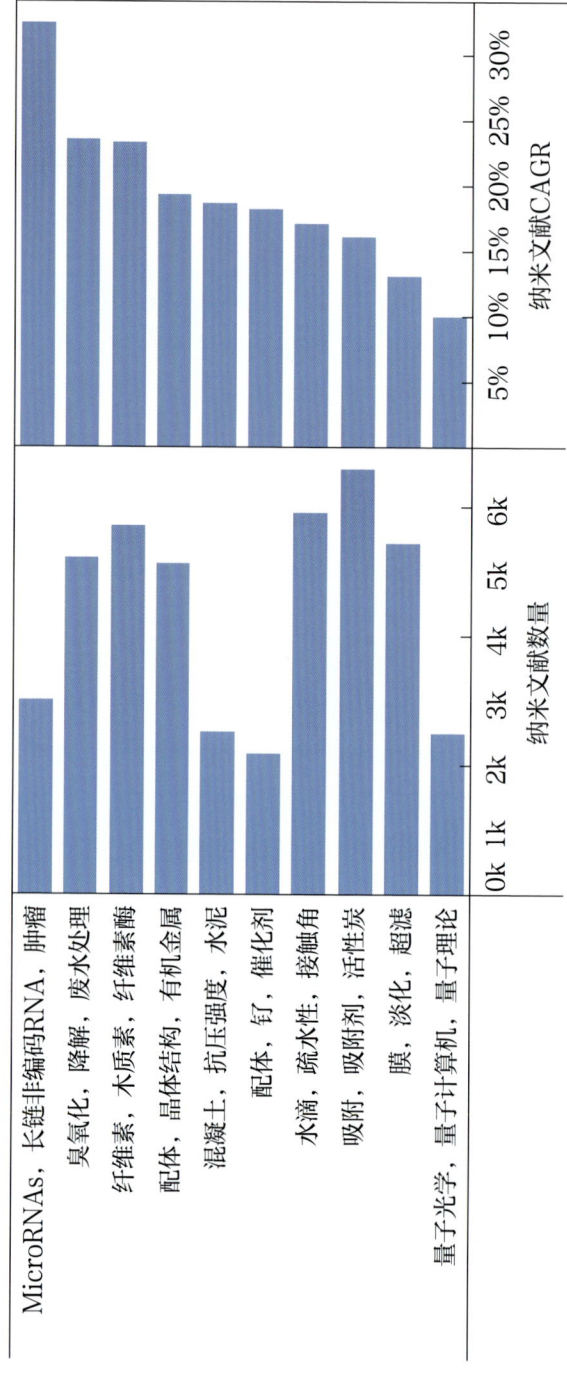

图2-12 纳米发文量增长最快的全球前5%高显著度研究主题聚类（2015~2019年）

数据源：Scopus

第 3 章　纳米科技对产业的作用

　　本章聚焦于学术界与产业界知识交流，这种交流成为公共和私立部门的研究投入与其商业化之间的沟通渠道，最终引领经济的增长。主要衡量指标包括：跨部门学术合作文献量、专利对学术文献的引用、专利申请量/专利授权。根据数据的可获得性，本章提到的知识交流形式更多是与科学、技术、医学、工程等学科相关，而与社会科学、艺术和人文关联较少。

| 第 3 章 纳米科技对产业的作用 |

关键发现

 **2.6%**

的纳米文献是产学合作发表，比全球文献产学合作率低 8%（全球产学合作率为 2.8%）（2015~2019 年）。

 **1.5%**

2015~2019 年，中国 1.5%的纳米文献由产业界与学术界合作发表，低于中国平均产学合作率。但英国、美国、日本、德国的纳米文献产学合作率高于全国平均产学合率。

 **CNRS、三星、CAS、IBM、中国石化**

是全球产学合作发表纳米文献最多的 5 个机构（2015~2019 年）。

 **1.04%**

的纳米文献至少被全球五大国际专利库中的一件专利引用过，比全球平均专利引用率高 89%（2015~2019 年）。

 **69.3 万**

件专利与纳米相关[24]，占到全球专利的 2%，其中有 58% 的专利来自中国（2000~2019 年）。

 **三星、LG 化学、富士康**

是纳米专利资产指数最高的三家企业（2000~2019 年）。

 **CAS、清华、MIT**

是纳米专利资产指数最高的三家学术机构（2000~2019 年）。

---

24 数据源：PatentSight，在专利标题/摘要/权项（Title/Abstract/Claim）中包含 "Nano*" 的专利。

基于 Scopus 的统计，2015~2019 年全球共有 17 326 篇纳米文献由产学合作产生，占到所有纳米文献的 2.6%。中国纳米研究文献整体快速增长驱动了产学合作纳米文献数量的增长，但与对标国家相比，中国产学合作的纳米文献比例仍相对偏低。

全球与科研机构合作发表纳米文献最多的 100 家企业集中在纳米科技研究较为发达的国家和地区，这些企业所属行业比较多样，国家和地区间也各有差异，呈现出多元化发展的局面，其中，中国以石油化工类企业为主，美国以 IBM、Intel、赛默飞等高科技公司为主。

基础研究是科技创新的重要动力，同时也是应用研究和重大创新的源头。近年来，纳米研究成果中有更高比例的文献，从基础研究转向了产业界(学术成果被专利引用率高于平均)。

专利体现了科技在产业界的应用前景，2000~2019 年，全球与纳米相关的专利高达 693 789 件，其中有 58%的专利来自中国，12%来自美国，中国纳米相关专利数量的快速增长，亦驱动了全球纳米相关专利数量快速增长。与欧美国家相比，中国纳米相关专利的竞争力还有待提升。

3.1 纳米科技的产学结合分析

3.1.1 产学合作学术成果分析

学术机构(主要是高校和科研院所)与企业研发中心的合作，常常会带来基础研究知识学界与企业界之间的流动，这种流动增加了基础研究知识转化机会，也为学界研究争取了更多的资助资源。本节通过分析 2015~2019 年产学合作发表的学术成果，评估纳米科技在学术机构与企业间的跨界合作。

(1) 产学合作文献量

基于 Scopus 的统计，2015~2019 年全球共有 17 326 篇纳米文献由产学合作产生，占到所有纳米文献的 2.6%(同期全球产学合作率的平均水平为 2.8%)。其中，美国产学合作纳米文献最多，共有 6 124 篇，占全球产学合作纳米文献的 35%。中国产学结合的纳米文献数量增长较快(图 3-1)，2015~2019 年中国产学结合纳米文献的复合年均增长率为 14.2%，在所有对标国家中增长最快。

(2) 产学合作率

产学合作纳米文献数量的增长与整个纳米科技的蓬勃发展密切相关，产学合作率(即产学合作文献占所有文献的比例)可评估整个纳米科技产学合作的程度。

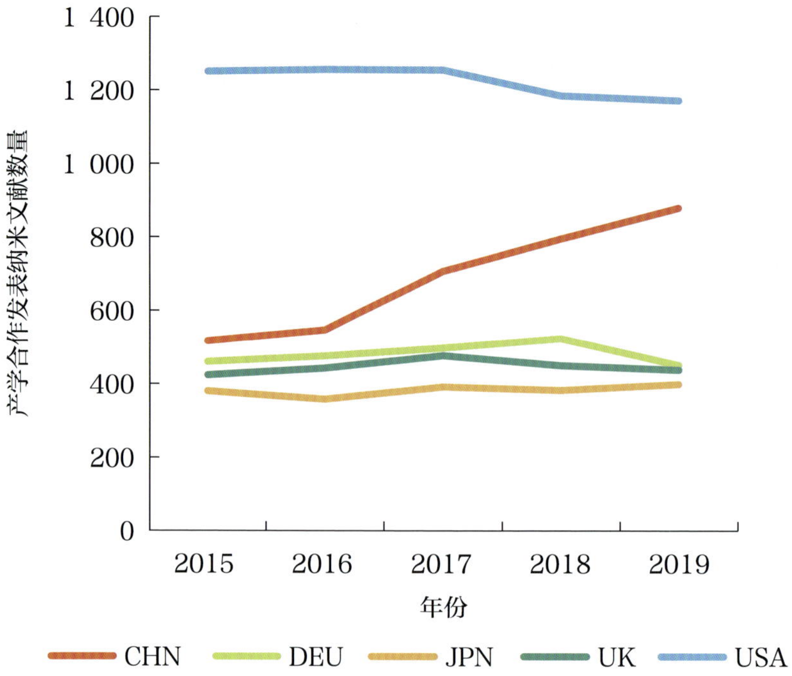

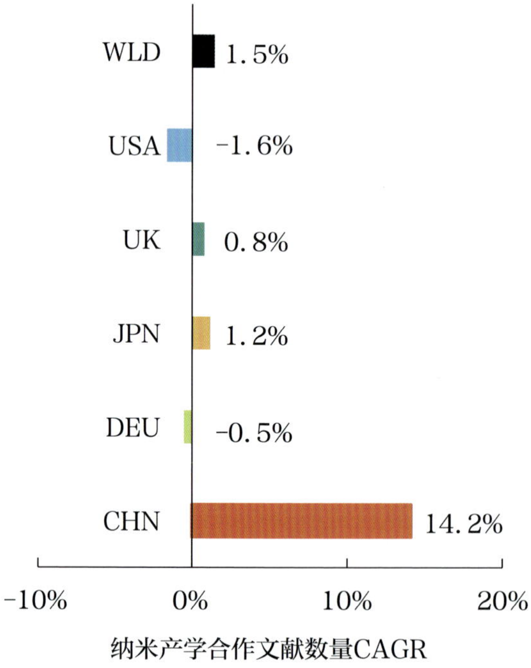

| 第 3 章 纳米科技对产业的作用 |

图 3-1 各国纳米产学合作的文献发表量变化趋势与复合年均增长率（2015～2019 年）
（CHN-中国，DEU-德国，JPN-日本，UK-英国，USA-美国，WLD-全球）

数据源：Scopus

| 第 3 章 纳米科技对产业的作用 |

如图 3-2 所示，全球纳米科技的产学合作率略低于平均水平，但是美国、日本、德国和英国的纳米文献产学合作率高于该国产学合作平均水平，说明在这些国家，纳米领域产业界与学术界的科研合作更加密切。中国的纳米研究的产学合作率低于中国产学合作平均水平，与全球和其他对标国相比也相对较低，且 2015～2019 年，中国纳米文献产学合作率几乎未有增长。

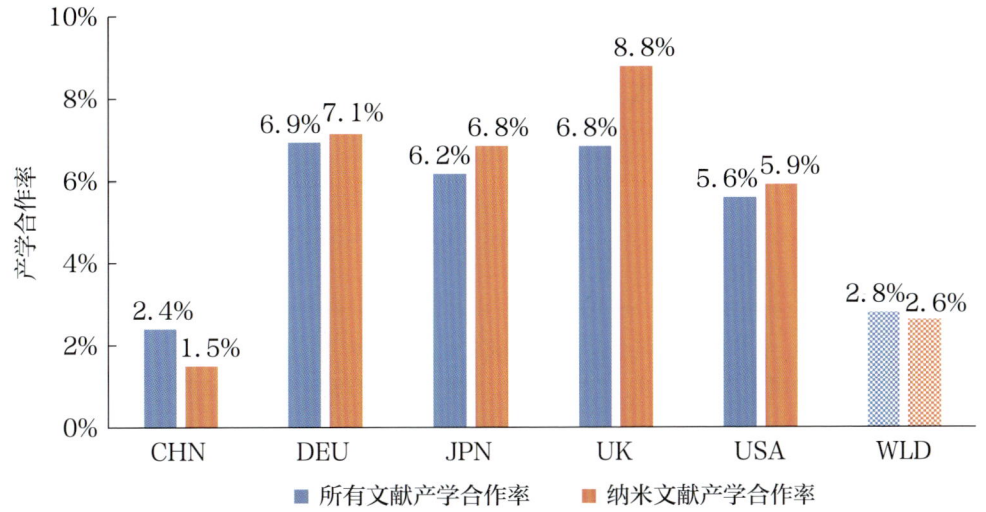

图 3-2　全球及各国纳米文献产学合作率与平均产学合作率对比（2015～2019 年）
（CHN-中国，DEU-德国，JPN-日本，UK-英国，USA-美国，WLD-全球）
数据源：Scopus

在学科方面，如 3-3 所示，纳米科技在生命科学（"药理、毒理学和药物学"、免疫与微生物学、"生物化学、遗传学与分子生物学"）和医学中产学合作率相对高于其他学科。其中，英国在"药理、毒理学和药物学"中产学合作发表的纳米文献达到 13.7%。

各个学科的产学合作程度各有差异，为了规避学科差异性，报告用相对产学合作率[25]（图 3-4）对全球及各对标国家的纳米文献产学合作程度进行了评估。发现，日本在"生物化学、遗传学与分子生物学"、"免疫与微生物学"和"医学"中纳米文献的产学合作率显著高于日本在该学科的产学合作率平均值。

3.1.2　基于合著关系的产学合作网络分析

图 3-5 展示了全球与科研机构合作发表纳米文献最多的 100 家企业，图 3-6

---

[25] 相对产学合作率=纳米科技产学合作率/所有学科产学合作率，表示该学科内纳米文献的产学合作与学科平均产学合作率相等。

第 3 章 纳米科技对产业的作用

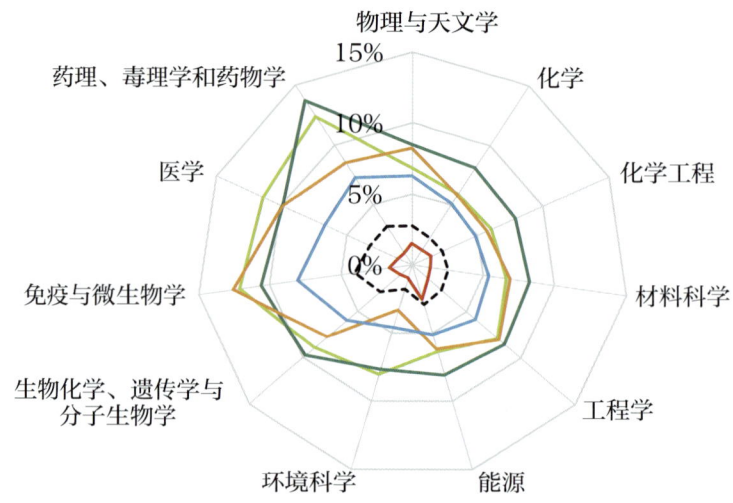

图 3-3 全球及各国各个学科中纳米文献产学合作率(2015~2019 年)
（CHN-中国，DEU-德国，JPN-日本，UK-英国，USA-美国，WLD-全球）

数据源：Scopus

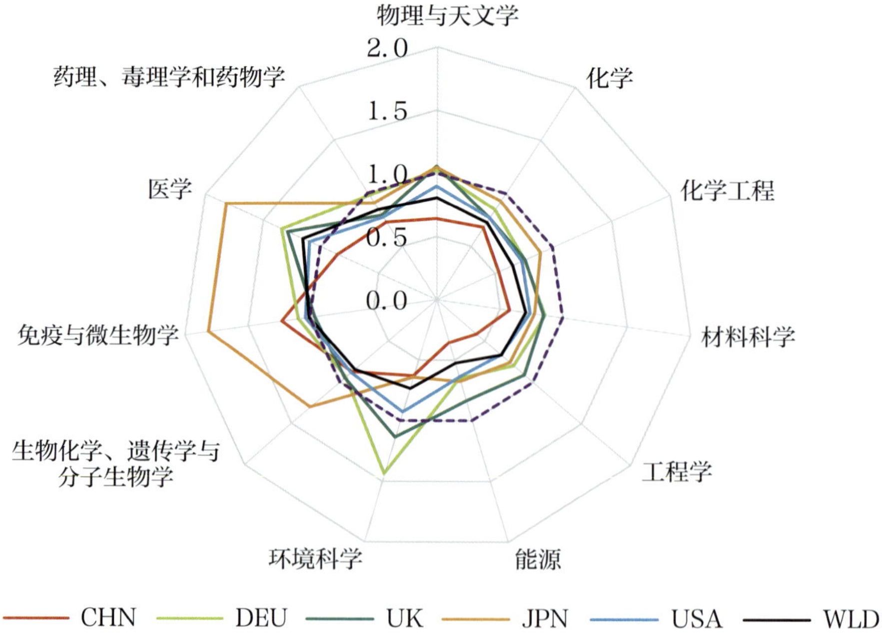

图 3-4 全球及各国各个学科中纳米文献相对产学合作率(2015~2019 年)（相对产学合作率=纳米科技产学合作率/所有学科产学合作率，1 表示该学科内纳米文献的产学合作与学科平均产学合作率相等）(CHN-中国，DEU-德国，JPN-日本，UK-英国，USA-美国，WLD-全球)

数据源：Scopus

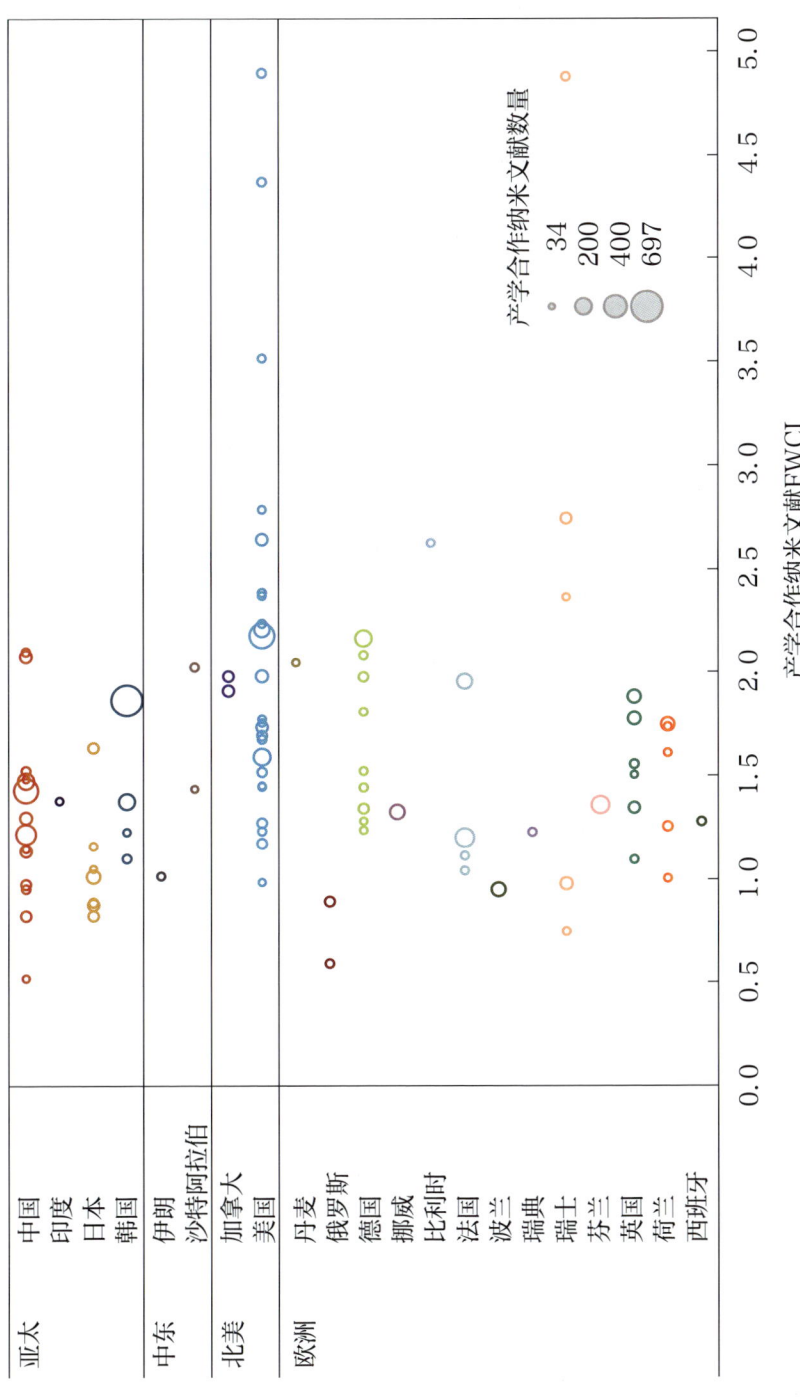

图3-5 全球产学合作纳米文献发表量前100名的企业分布（2015~2019年）

数据源：Scopus

| 第 3 章　纳米科技对产业的作用 |

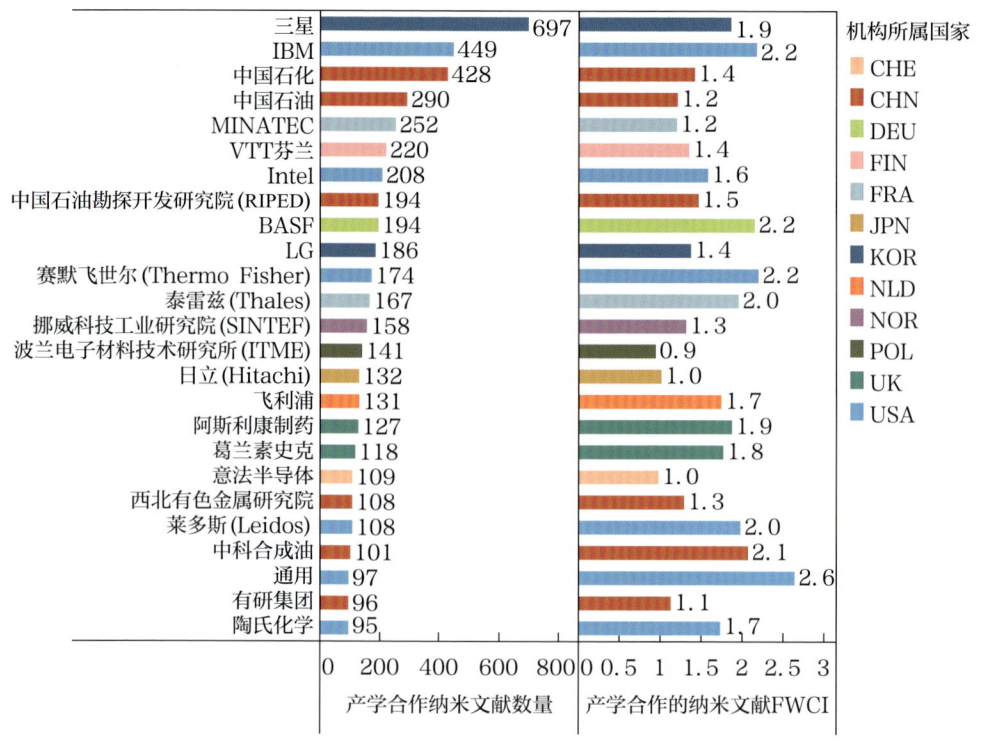

图 3-6　全球产学合作纳米文献发表量前 25 名的企业[26]（2015～2019 年）

数据源：Scopus

---

26 赛默飞世尔科技（Thermo Fisher Scientific Inc.）简称赛默飞世尔或赛默飞，是一家美国生物技术和医疗器械公司。2006 年 5 月 14 日由两家美国生物技术公司合并而成，总部位于美国沃尔瑟姆（马萨诸塞州）。主要生产实验室设备、试剂、分析仪器、耗材和软件。

• 泰雷兹集团（Thales Group），是法国的一家专注于航空航天、国防、地面交通运输、安全和制造电气系统的电子集团，公司总部设在法国，研发设在美国硅谷和法国巴黎及俄罗斯。自 2000 年收购了英国的 Racal 公司后，泰雷兹集团业务不断拓宽，民用业务不断增长，现在已经发展成为以设计、开发与生产航空、防御和信息技术服务产品著称的专业电子高科技公司。

• 挪威科技工业研究院（SINTEF）总部位于挪威特隆赫姆，是一家成立于 1950 年的独立研究组织，从事合同研究和开发项目。SINTEF 基于其在技术、自然科学、药学以及社会科学方面的研发，有偿提供以研究为基础的知识及相关技术服务。SINTEF 还积极转化其科研成果成立新公司，并帮助这些公司发展，成功之后再卖掉拥有的股份，得到的流动资金随之再投资于创造新的知识。为保证研究的高水平，SINTEF 与挪威科技大学以及奥斯陆大学紧密合作，许多研究人员同时在两个机构中从事正式工作。

• 波兰电子材料技术研究所（ITME），是一家波兰领先的多学科研究机构，致力于开发新型材料和基于电子、微系统、光电、微观力学、计量等应用的创新工具和组件的材料。该研究机构开发的高科技材料、仪器和组件发表于众多波兰和国际期刊，可推动其与大学及研究机构之间开展科学合作，帮助有意客户实施项目，在业内实施或用于该研究机构的短期连续生产。

• 莱多斯（Leidos），原名科学应用国际公司（Science Applications International Corporation），是一家总部位于弗吉尼亚州雷斯顿的美国国防、航空、信息技术和生物医学研究公司，提供科学、工程、系统集成和技术服务。

• 意法半导体（STMicroelectronics），是一家国际性的半导体生产商，总部位于瑞士日内瓦。

列举了全球纳米产学合作发文量最高的 25 家企业。可以看出，这些企业集中在纳米科技研究较为发达的国家和地区，其中美国公司数量最多(27 家)，其次分别是中国(15 家)、德国(9 家)、日本(7 家)、瑞士、荷兰、法国(均为 5 家)、韩国(4 家)。

其次，全球参与纳米学术合作的企业所属行业比较多样，国家间也各有差异。例如英国以制药公司为主(如葛兰素史克、阿斯利康制药)，中国以石油化工类企业为主(如中国石化、中国石油、中国石油勘探开发研究院等)，美国以 IBM、Intel、赛默飞等高科技公司为主，德国以化工企业 BASF 及制药公司为主，韩国以三星、LG 等大型集团公司为主，日本以制造型企业(日立、丰田汽车、日本电子等)为主，瑞士以半导体公司、制药公司(诺华、罗氏制药)为主。

从企业与学术界共同发表的纳米文献的 FWCI 来看，美国企业领先于其他国家，中国企业产学合作的学术影响力相对弱于欧美活跃国家。

从企业与学术界共同发表的纳米文献的数量来看，如图 3-7 所示，前三名的产学合作学术机构均来自科研机构，包括法国国家科学研究中心(CNRS)、法国原子能和替代能源委员会(CEA)、中国科学院(CAS)。

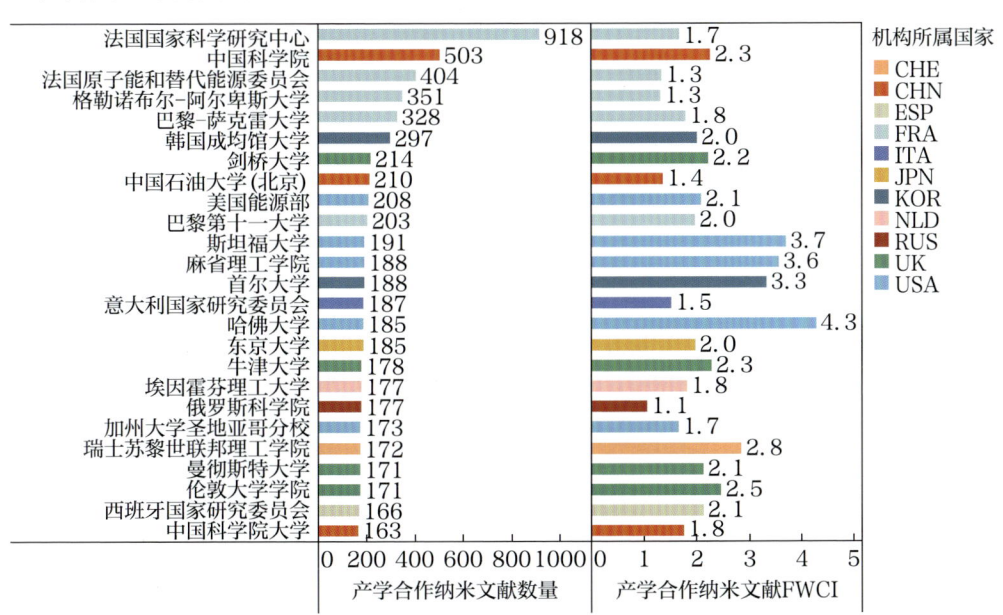

图 3-7　全球产学合作纳米文献发表量前 25 名的学术机构(2015~2019 年)

数据源：Scopus

图 3-8 展示了全球参与纳米产学合作最主要的合作网络。首先，大多数国家的合作以该区域内的某几个大型机构引领，因此，这些领先机构自身的学术影响力对于该国产学合作的学术影响力影响较大。例如，三星是全球发表产学合作纳米文献

| 第3章 纳米科技对产业的作用 |

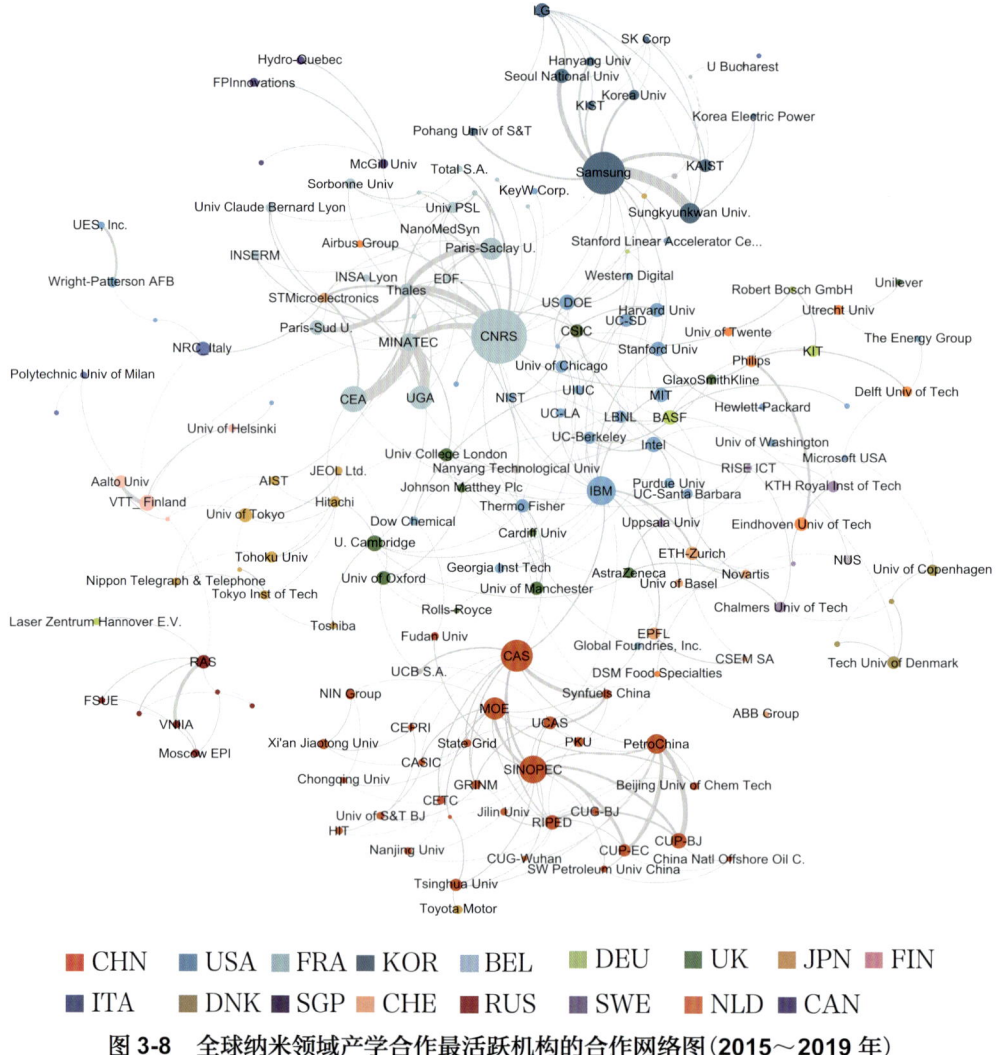

图3-8 全球纳米领域产学合作最活跃机构的合作网络图（2015～2019年）
（气泡大小表示该机构产学合作的纳米文献的数量，气泡越大数量越多，气泡颜色表示国家，
线条粗细表示两两合作发表的纳米文献的数量，线条越粗表示合作发表的纳米文献越多）

数据源：Scopus

最多的企业，也是引领韩国纳米产学合作的核心机构。美国参与产学合作的企业数量多，合作相对分散且更频繁。除三星外，在全球纳米产学合作中较为活跃的机构还包括：IBM、法国国家科学研究中心（CNRS）、MINATEC（法国）以及中国石化（Sinopec）和中国科学院（CAS）。

其次，产学合作具有地缘属性，多数合作机构来自同一个国家。全球最大的纳米产学合作圈分布在美国、中国、法国、韩国，合作圈小一级的有英国、日本、俄罗斯、荷兰、芬兰、德国、瑞士等。这种地域内的合作特点，一个可能的原因是企业为了能从科研中获益，会考虑将自己的研发机构设置在大学和研究机构附近，并通过地缘属性加强与该地区科研院所的合作，比如美国许多产学合作活跃的企业分布在高校密集的东北部沿海地区，中国纳米产学合作较活跃的机构多分布在学术资源密集的北京(图 3-9)。

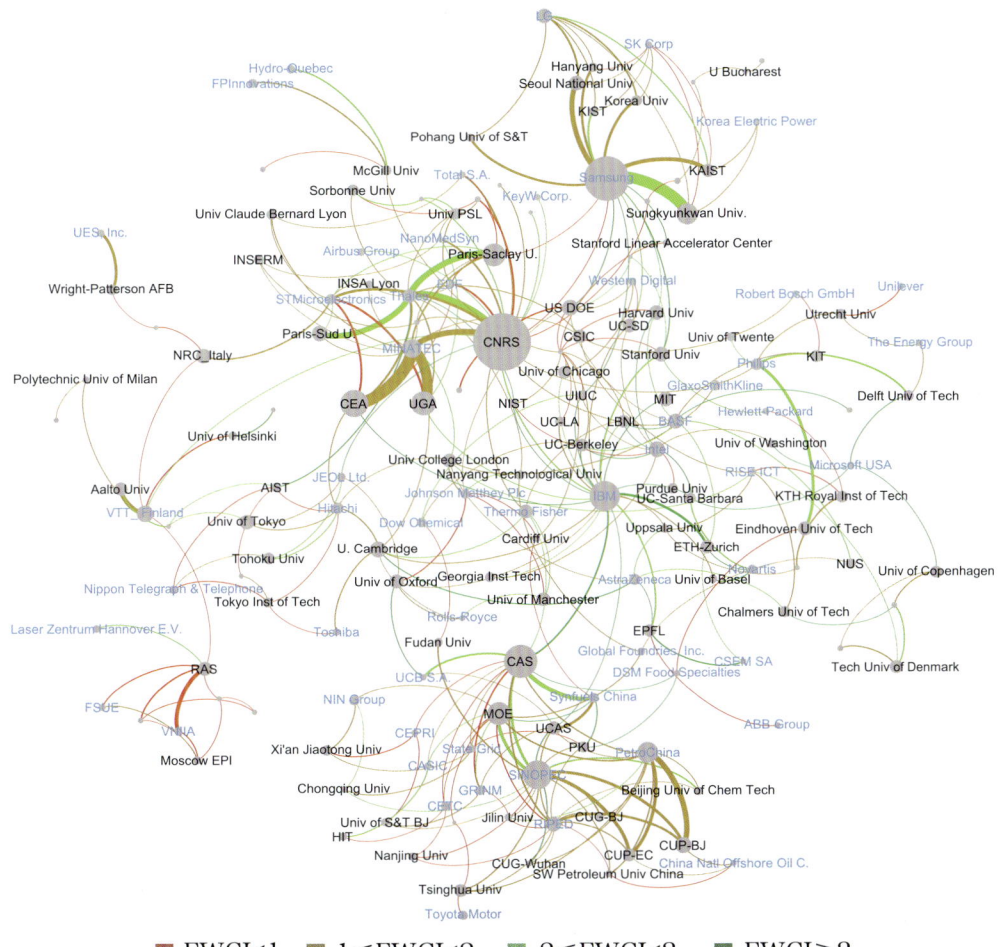

图 3-9　全球纳米领域产学合作最活跃机构的合作学术影响力网络图(2015～2019 年)
(气泡大小表示该机构产学合作的纳米文献的数量，气泡越大文献越多，标签颜色表示机构属性，蓝色标签表示企业，线条粗细表示两两合作发表的纳米文献的数量，线条越粗表示合作发表的纳米文献越多，线条颜色表示合作文献的 FWCI，从红-黄-浅绿-深绿依次表示 FWCI 从低到高)

数据源：Scopus

在中国的纳米产学合作网络中，CAS 合作网络产生的学术成果影响力相对较高，合作对象延伸至欧美，如 CAS 与美国 IBM 和比利时 UCB Pharma S.A. 展开了合作。CAS 与 IBM 的合作主要是与位于纽约的 IBM Thomas J. Watson 中心展开的,其次包括 IBM Albany NanoTech 和 IBM 其他研发部门。其中,CAS 纳米生物效应与安全性重点实验室(隶属于国家纳米科学中心和中国科学院高能物理研究所)与"IBM Thomas J. Watson 研究中心计算生物中心"合作最多,且苏州大学也参与其中多篇文章的合作。此外,中国科学院过程工程研究所(生物工程国家重点实验室)、中国科学院北京纳米能源与系统研究所、中国科学院武汉物理与数学研究所、中国科学院金属研究所、中国科学院长春应用化学研究所、中国科学院大连化学物理研究所、中国科学院微电子研究所等也与 IBM 合作发表过纳米相关学术文献。

3.2 专利对学术文献的引用分析

基础研究是应用研究和重大创新的源头,是科技创新的重要动力,从基础研究向产业应用的转移,可使科学研究更广泛地服务社会发展与人类生活。学术文献被专利引用,体现了学术研究的成果在产业端进行应用的前景,可以用来衡量知识从基础研究向产业的转化。加强从基础研究到产业应用的转化,对于纳米科学也非常重要。

本节将追踪 Scopus 数据库中 2015~2019 年近 66.3 万篇纳米文献与全球五大国际专利库[27]中的专利进行引用关系分析,并用此追踪纳米科技的基础研究对产业界的影响力。

3.2.1 专利引用率

专利引用率表示文献集合中被专利引用了的文献比例,可衡量学术成果被专利引用的概率。如图 3-10 所示,2015~2019 年,全球纳米文献中有 1.04%的文献至少被全球五大国际专利库中的一件专利引用过,比平均水平高出 89%(同期全球文献平均专利引用率为 0.55%)。在国家层面,所有对标国家(中德日英美)均有相同的结论,说明相较于全球学术产出平均水平,纳米相关学术成果中有更高比例的成果从基础研究转向产业界。

在对标国家中,美国的纳米文献专利引用率最高,其纳米文献的专利引用率是所有文献的 2.32 倍。美国、英国、德国、日本的纳米文献专利引用率均高于全球纳米文献平均水平,中国的纳米文献专利引用率低于全球平均,且与其他对标国差距较大。

---

27 全球五大专利数据库包括:世界知识产权组织(WIPO)、美国专利及商标局(USPTO)、欧洲专利局(EPO)、日本专利局(JPO)、英国知识产权局(UKIPO)。

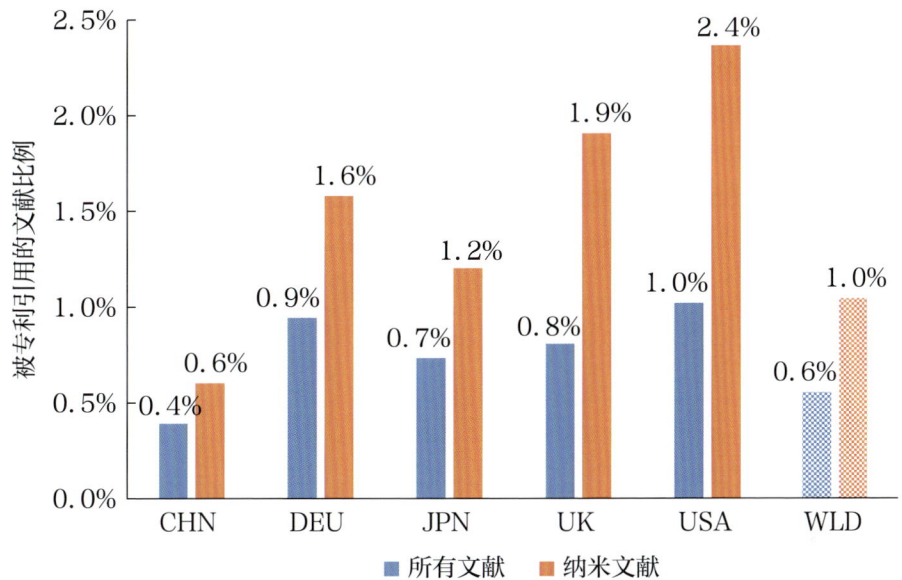

图 3-10 纳米文献中被专利引用的文献比例及所有文献中被专利引用的文献比例（2015～2019 年）(CHN-中国，DEU-德国，JPN-日本，UK-英国，USA-美国，WLD-全球)

数据源：Scopus

3.2.2 千篇文献被专利平均引用次数

学术文献被五大专利局专利平均引用次数[28]，可以衡量科研成果被有效专利引用的强度。如图 3-11 所示，2015～2019 年，美国、英国每千篇纳米文献被专利引用次数分别达到 23.7 次/千篇、19.1 次/千篇，均高于该国文献的平均值，说明这两个国家的纳米文献被专利引用的强度较高。同期，中国平均每千篇纳米文献被专利引用 6.0 次/千篇。

中国的纳米文献被专利引用次数相对偏低的可能原因：

1）中国纳米科技产学结合与发达国家尚有一定距离，影响中国的纳米基础研究成果被产业界引用的概率。通过对被专利引用的文献分析，我们发现，被引用较多的机构多数是纳米产学合作的活跃机构。

2）施引专利数据来自五大专利局，来自中国专利局的引用则无法包含在内，这也会降低对中国文献被专利引用次数的评估。

3）学科差异的影响，通过分析可以看出在药理学、免疫与微生物学、生物化学等学科纳米文献被专利引用的次数更高，但是中国在这些领域的学术影响力与美国、英国还有差距（图 3-11 至图 3-14）。

---

28 千篇文献被专利平均引用次数=被专利引用次数/文献数量×1000。

| 第 3 章　纳米科技对产业的作用 |

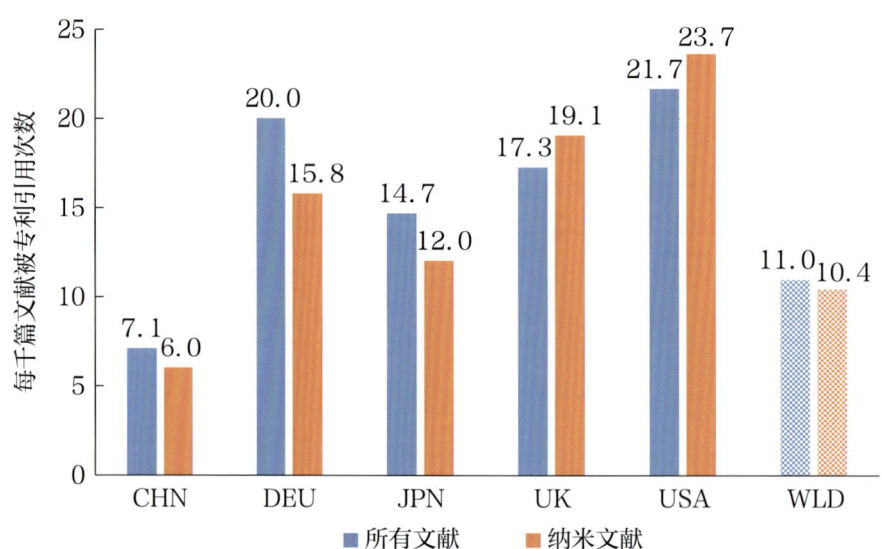

图 3-11　每千篇纳米文献被五大专利局[29]专利平均引用次数（2015～2019 年）
（CHN-中国，DEU-德国，JPN-日本，UK-英国，USA-美国，WLD-全球）

数据源：Scopus, SciVal

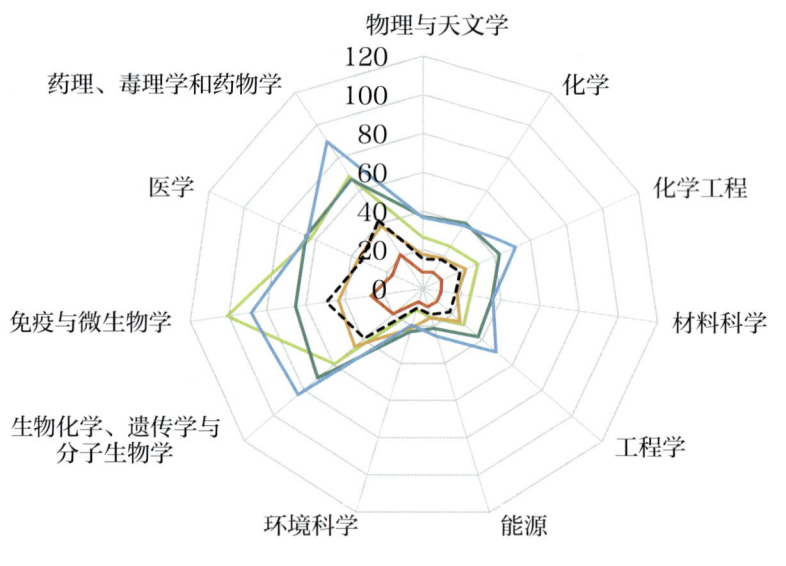

图 3-12　每千篇纳米文献被五大专利局专利平均引用次数（2015～2019 年）
（CHN-中国，DEU-德国，JPN-日本，UK-英国，USA-美国，WLD-全球）

数据源：Scopus

---

29 世界知识产权组织（WIPO）、美国专利及商标局（USPTO）、欧洲专利局（EPO）、日本专利局（JPO）、英国知识产权局（UKIPO）。

第 3 章　纳米科技对产业的作用

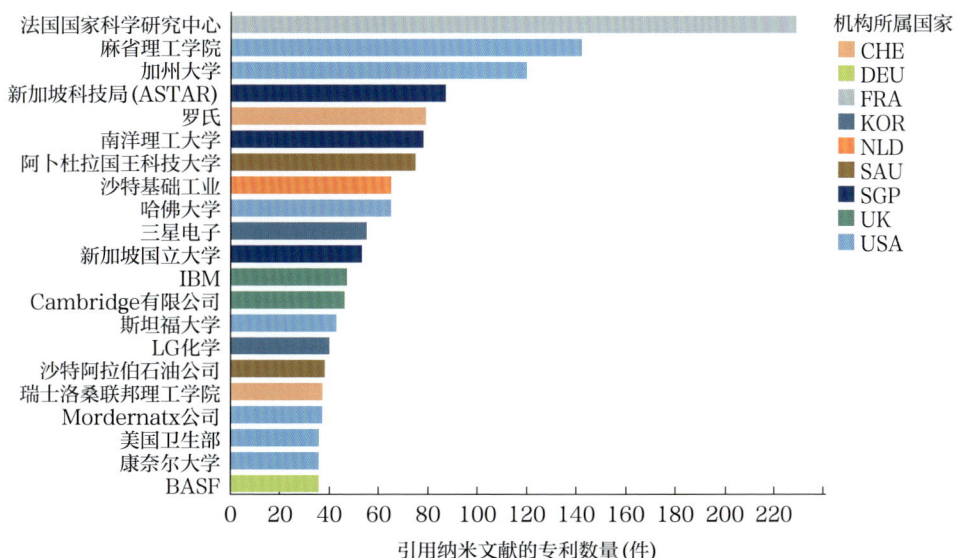

图 3-13　引用纳米文献前 20 名的专利所有人（2015～2019 年）

数据源：Scopus

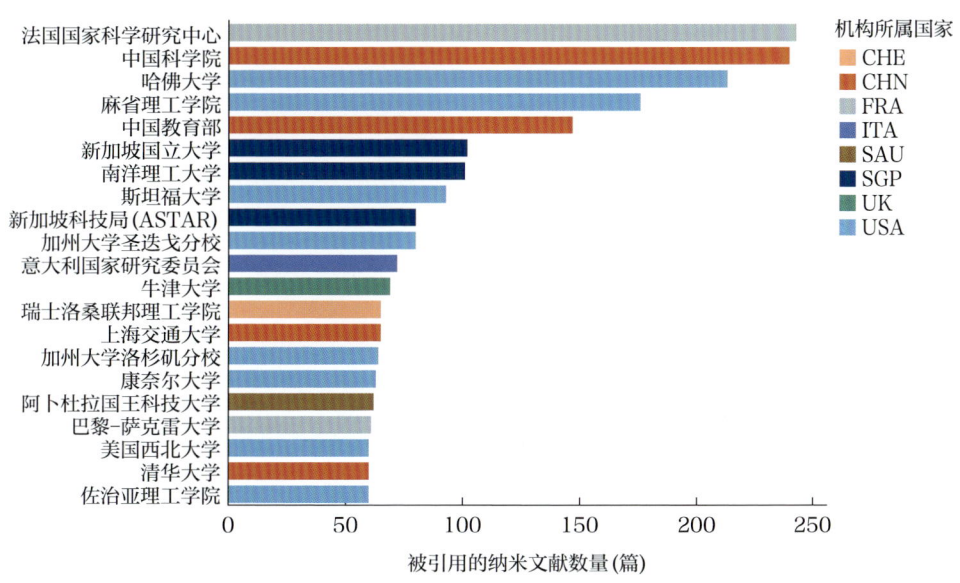

图 3-14　被专利引用的纳米文献量前 20 名机构（2015～2019 年）

数据源：Scopus

3.3　纳米相关专利分析

专利是另一种产出形式，体现了科技在产业界的应用前景。本节将利用

PatentSight 平台收录的全球约 115 个国家/地区的专利授权机构发布的专利文件，对纳米相关专利提供分析。

3.3.1 专利发明国分析

2000~2019 年，根据 PatentSight 覆盖的所有专利授权机构数据统计，全球与纳米相关的专利达 693 789 件[30]，占全球专利的 2%，其中有效专利占 72%。全球纳米相关的专利中有 58% 的专利来自中国，12% 来自美国，10% 来自韩国，前五名的国家的纳米专利总量已占到全球纳米专利的 91%（图 3-15）。

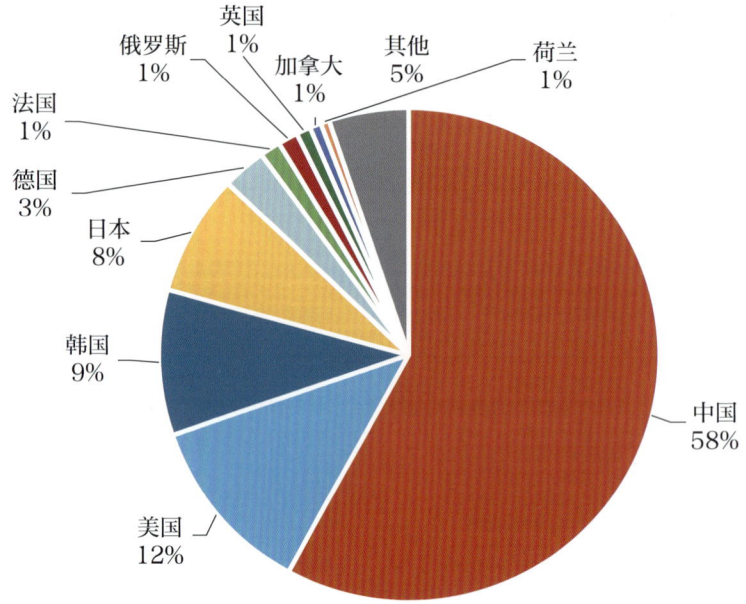

图 3-15　全球纳米相关专利中各发明国/地区专利数量占比（2000~2019 年）
数据源：PatentSight

中国纳米相关专利数量的快速增长驱动了全球纳米相关专利数量快速增长。2000~2018 年的纳米专利数量的复合年均增长率[31]（CAGR）为 14.4%，几乎与同期论文增长速度相同。

---

30 纳米相关专利：在专利标题/摘要/权项（Title/Abstract/Claim）中包含"Nano*"的专利。检索时间：2020 年 3 月 30 日，Filling Year 在 2000~2019 年间。为了涵盖所有专利，此部分数据中包含中国实用新型专利，包含失效专利，此处未含港澳台数据。

31 受到各国专利申请公开迟延因素的影响，2019 年的专利数量会降低，不代表 2019 年的专利真实数据，在计算 CAGR 时仅不考虑 2019 年。

| 第3章 纳米科技对产业的作用 |

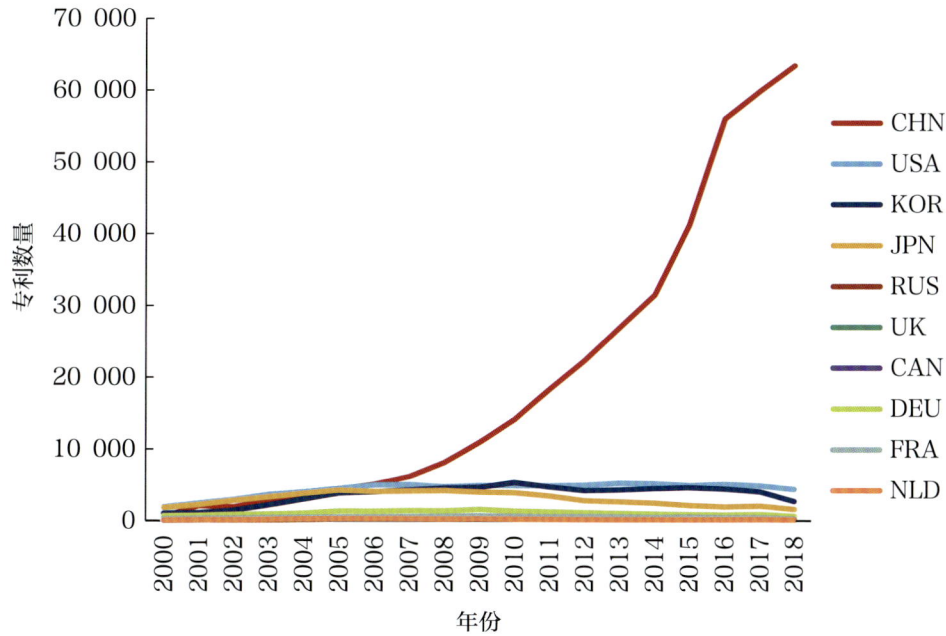

图 3-16　全球前十名发明国/地区的纳米相关专利数量变化趋势（2000～2018 年）
数据源：PatentSight

在专利的质量方面，主要可参考两个指标"专利资产指数"和"专利竞争力"。专利资产指数是一个专利集中所有专利的竞争力（Competitive Impact）值的总和。平均而言，影响力越大的专利，总体上质量越高。"专利竞争力"是技术影响力（Technology Relevance）与市场影响力（Market Coverage）的乘积，技术影响力主要是衡量专利被引用情况，市场影响力是衡量一项专利（族）在全球范围内的保护程度，有关各个指标的详细解释参见附录 A。

中国纳米相关专利在数量上占有绝对优势，提升了"专利资产指数"得分，但是平均专利竞争力在前十名发明国中排名靠后。中国纳米相关专利竞争力的差距主要是由于市场影响力和专利技术影响力（即专利被其他专利引用）相对较低。市场影响力较低主要是因为中国的纳米专利绝大多数仅在中国国内受保护。2000～2019年的纳米相关专利中，中国 98% 的专利（仅含有效专利）在中国专利局申请，欧洲国家除了本国专利局的专利数量占比较高外，在美国申请的纳米专利比例相对较高，如法国、德国、英国分别有 61%、57%、70% 的纳米相关专利在美国专利局申请保护。英国、加拿大的纳米相关专利在欧洲专利局和世界知识产权组织中受保护程度较高，如英国、加拿大分别有 11% 和 10% 的纳米相关专利是 WIPO 专利（表 3-1 和图 3-17）。

| 第 3 章　纳米科技对产业的作用 |

表 3-1　纳米专利数量前十的发明国/地区（2000～2019 年）

专利发明国/地区	有效专利数量[32]	专利资产指数	专利竞争力	技术影响力	市场影响力
中国	233 010	188 619	0.8	1.2	0.6
美国	57 364	195 026	3.4	2.1	1.4
韩国	35 079	39 940	1.1	1.2	0.6
日本	33 912	69 973	2.1	1.6	1.0
德国	12 314	41 176	3.3	1.9	1.4
法国	6 715	20 912	3.1	1.7	1.5
俄罗斯	4 821	4 397	0.9	1.0	0.3
英国	4 416	19 538	4.4	2.4	1.7
荷兰	4 070	10 741	2.6	1.9	1.1
加拿大	3 682	16 739	4.5	2.4	1.6

数据源：PatentSight

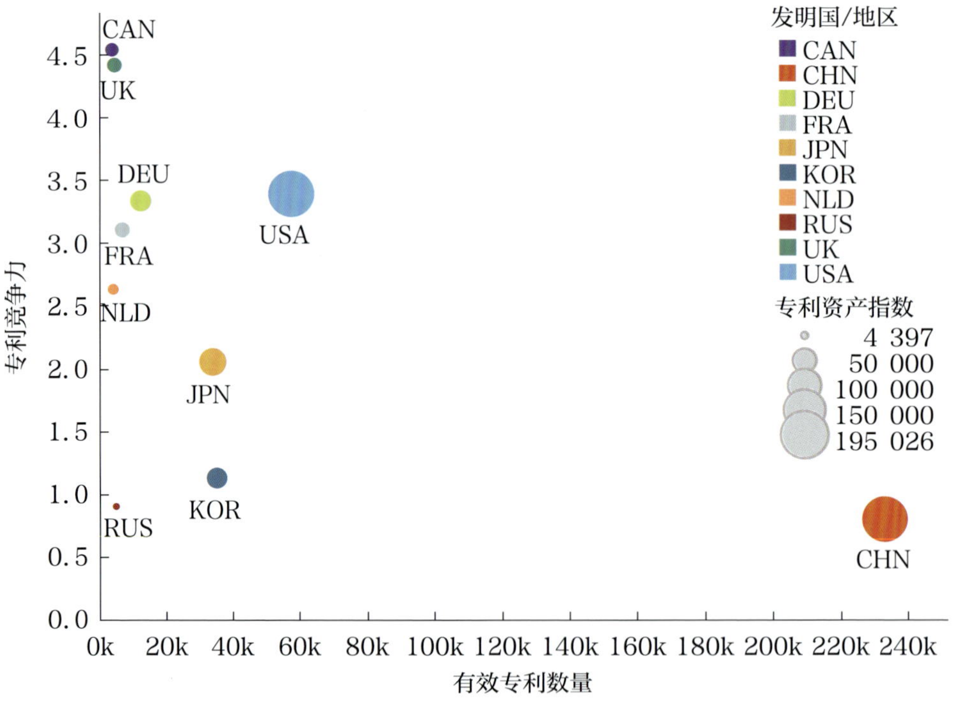

图 3-17　纳米专利数量前十名的发明国/地区（2000～2019 年）

数据源：PatentSight

---

[32] 为提高专利资产指数准确性，此表格仅统计有效专利的数量，且不包含中国实用新型专利。

3.3.2 专利所有人分析

专利所有人(Owner of the Patent)是享有专利权的主体,表 3-2 和图 3-18 列出了 2000~2019 年纳米相关的专利资产指数(Patent Asset Index,PAI)前十的企业类所有人和学术机构类所有人。

其中,在企业类所有人中,多个机构是在纳米学术研究中产学合作的活跃机构。例如,三星和 LG 是韩国在纳米研究中参与产学合作最多的企业,专利产出也与此相呼应。中国企业中国石化(Sinopec)在专利数量上位居第三,但是专利竞争力相对较低,专利资产指数未能进入前十。在前十名中,美国的企业最多(4 所),英特尔(Intel)公司纳米相关专利资产指数最高,其次是陶氏化学、强生和波音。IBM 作为美国纳米产学合作的活跃企业之一,其纳米专利资产指数未能进入企业前十,IBM 的纳米相关专利有超过 60%是近五年申请,专利技术影响力尚未完全发挥。富士康(Foxconn)与清华大学在专利合作上较为紧密,据统计,其 2000~2019 年的纳米相关专利中有 45%是与清华大学共同拥有(Co-ownership)。德国企业巴斯夫(BASF)和默克制药的纳米相关专利竞争力较高,在前十名企业中位居前三。

表 3-2　纳米相关专利的专利资产指数前十的所有人(企业)的专利指标(2000~2019 年)

专利所有人(企业)	专利资产指数	有效专利数量	专利竞争力	技术影响力	市场影响力
Samsung	10 738	4 153	2.6	1.9	1.2
LG Chem	4 681	1 744	2.7	1.6	1.2
Foxconn	4 532	3 070	1.5	1.2	1.0
Intel	3 427	1 189	2.9	1.9	1.4
BASF	3 253	708	4.6	2.4	1.7
Dow Inc	2 885	704	4.1	2.2	1.7
Fujifilm	2 808	1 124	2.5	2.0	1.1
Merck KGaA	2 764	526	5.3	3.1	1.7
Johnson & Johnson	2 666	339	7.9	3.5	2.0
BOE	2 645	1 278	2.1	1.7	1.2

数据源:PatentSight

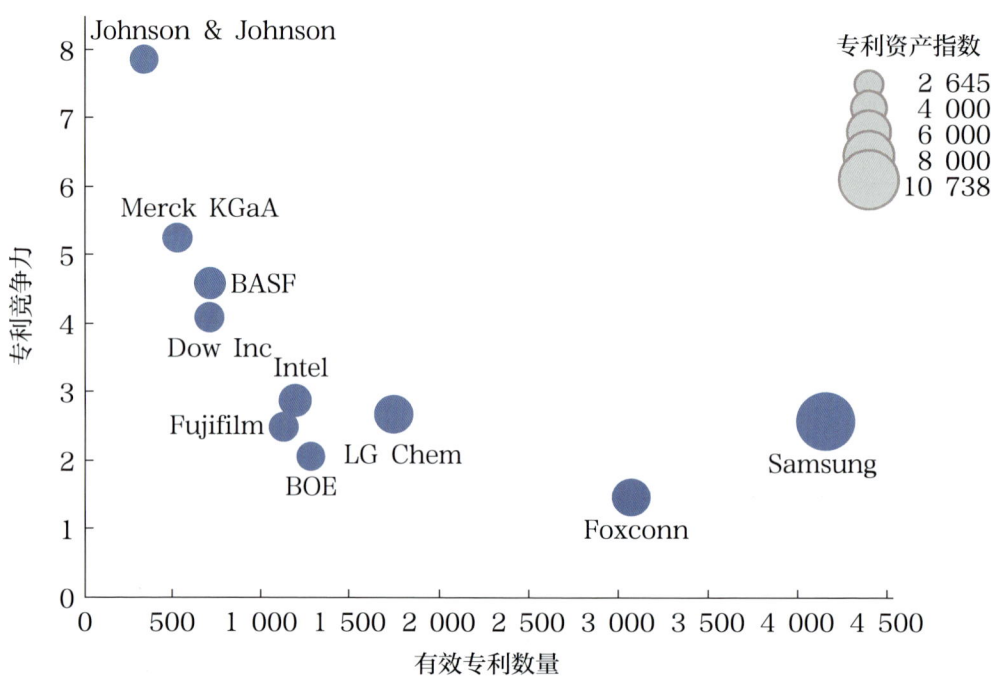

图 3-18 纳米相关专利的专利资产指数前十的所有人（企业）（2000～2019 年）

数据源：PatentSight

2000～2019年，在纳米相关专利的专利资产指数前十名学术机构中（表3-3），有 4 所机构来自中国，中国学术机构占有数量优势但是专利竞争力相对较低，例如

表 3-3 纳米相关专利的专利资产指数前十所有人（学术机构）的专利指标（2000～2019 年）

专利所有人（学术机构）	专利资产指数	有效专利数量	专利竞争力	技术影响力	市场影响力
中国科学院（CAS）	10 795	11 747	0.9	1.4	0.6
清华大学（TSU）	4 847	3 220	1.5	1.5	1.0
麻省理工学院（MIT）	4 717	711	6.6	3.5	1.5
哈佛大学	3 333	364	9.2	4.6	1.7
加州大学	3 331	1 265	2.6	1.8	1.4
日本半导体能源株式会社	2 185	449	4.9	3.0	1.4
布罗德研究所	1 980	43	46.0	18.7	2.3
浙江大学（ZJU）	1 851	2 061	0.9	1.4	0.6
南方科技大学（SUST）	1 796	1 859	1.0	1.6	0.6
法国国家科学研究中心（CNRS）	1 689	902	1.9	1.1	1.6

数据源：PatentSight

第3章 纳米科技对产业的作用

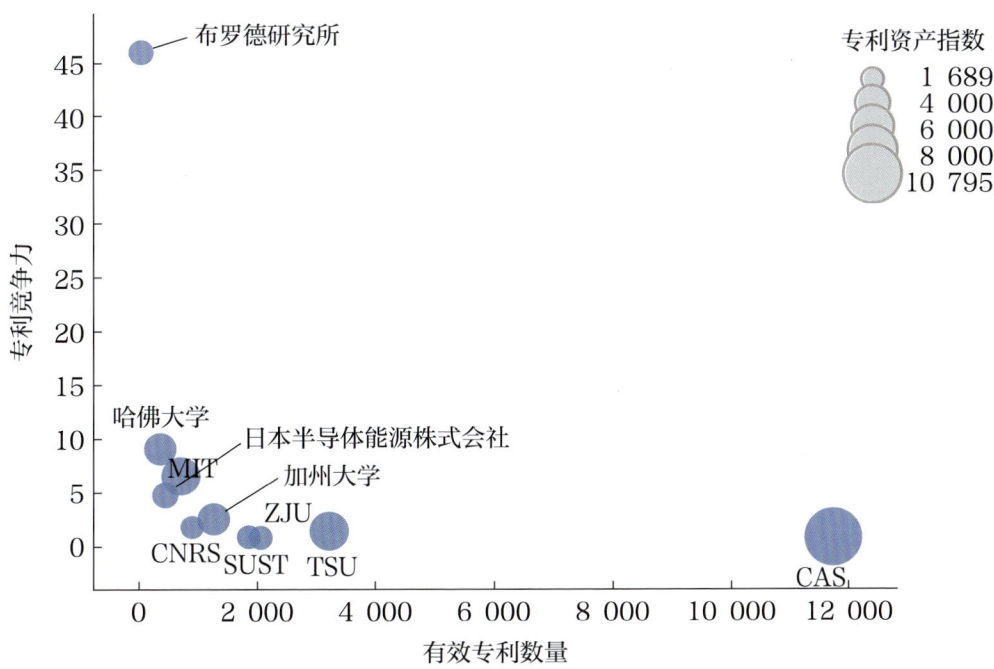

图 3-19 纳米相关专利的专利资产指数前十的所有人（学术机构）（2000～2019 年）

数据源：PatentSight

中国科学院的纳米相关专利数量最多，但市场影响力较弱，其专利主要在中国申请保护。美国的学术机构，如 MIT、哈佛大学和加州大学以及布罗德研究所，专利竞争力较高，其中布罗德研究所（Broad Institution）[33]在 2000～2019 年仅有 43 件纳米相关专利，但是专利竞争力非常高，尤其是技术影响力较高，说明其专利被其他专利引用较多。

3.3.3 专利转化分析

(1) 专利权转移

本节分析了 2015～2019 年在中国、美国、德国、英国和日本申请的专利中专利权出让人和专利权受让人发生变化[34]的纳米相关专利，以了解学术机构将专利权转

---

[33] 布罗德研究所（Broad Institution）是麻省理工学院和哈佛大学共同拥有的一个研究合作中心。

[34] 专利的"Reassignor (original spelling)-专利出让人"属性为大学或研究机构，"Reassignee (original spelling)-专利受让人"属性为企业。FilingDate=(2015-01-01 to 2019-12-31)，Title/Abstract/claim=(nano*)，InventedIn=(CN, DE, GB, JP, US)，包含失效专利，不含中国实用新型。

让给企业界的情况。

2015～2019 年，有 976 件纳米相关专利从学术机构（研究院所或大学）转让给企业，其中来自美国的有 415 件，中国 306 件，日本 166 件（分别占到 43%，31%，17%），德国 60 件，英国 51 件。

在专利出让人方面，清华大学转让的专利数量最多，2015～2019 年清华大学共转让 217 件纳米相关专利，其中有 215 件专利转让给中国台湾鸿海精密工业股份有限公司（富士康），这些专利主要与"纳米管""电容式触摸屏""半导体""存储""碳纳米管薄膜"等相关。加州理工学院有 12 件纳米相关专利转让给三星（表 3-4 和表 3-5）。

表 3-4　纳米专利从学术界转入企业的前十名专利出让人（2015～2019 年）

前十名专利出让人（学术机构）	出让的纳米相关专利件数（2015～2019 年）
清华大学	217
加州大学	31
佐治亚理工学院	24
东京大学	16
日本产业技术综合研究所（AIST）	16
加州理工学院	15
麻省理工学院	15
大阪大学	14
京都大学	11
哈佛学院	10
日本东北大学	10

数据源：PatentSight

表 3-5　纳米专利从学术界转入企业的前十名专利受让人（2015～2019 年）

前十名专利受让人（企业）	受让的纳米相关专利件数（2015～2019 年）
台湾鸿海精密工业股份有限公司	215
三星电子有限公司	29
丰田 JIDOSHA KABUSHIKI KAISHA	13

第3章 纳米科技对产业的作用

续表

前十名专利受让人（企业）	受让的纳米相关专利件数（2015~2019年）
UT-Battelle	12
宝洁公司	11
IBM	10
ZEON 公司	9
美国可持续能源联盟（The Alliance for Sustainable Energy）	8
巴斯夫	7
罗门哈斯电子材料有限公司（Rohm&Haas）	7

数据源：PatentSight

(2) 共同所有人

除了转让专利，学术界与企业界还可以共同拥有专利权。表 3-6 列出了全球学术界与企业界共同拥有纳米相关专利[35]最多的机构组合，2015~2019 年，武汉大学与武汉武大方略数码科技有限公司共同拥有 433 份纳米相关专利，其中专利资产指数排在前列的技术领域是"物理>光学>谐振器""物理>化学处理>光催化剂""物理>光学>减反射膜""电子产品>电力>电极材料""化学>纳米技术>半导体""信息>分析材料>电化学传感器"。

表 3-6 学术界与企业界共同拥有纳米相关专利数量最多的机构组合（2015~2019 年）

专利权人-学术机构	专利权人-企业	共同拥有的纳米相关专利数量（2015~2019年）
武汉大学	武汉武大方略数码科技有限公司	433
清华大学	富士康（Foxconn）	254
希伯来大学	Yissum R&D（附属于希伯来大学）	67
牛津大学	Oxford Innovation（附属于牛津大学）	57
苏州大学	江苏省产业技术研究院	49

---

35 在纳米相关专利中，两方机构为专利权的共同所有人（Co-owner），含失效专利，不含中国实用新型专利。

续表

专利权人-学术机构	专利权人-企业	共同拥有的纳米相关专利数量（2015~2019年）
苏州大学	苏大维格科技集团股份有限公司	47
法国国家科学研究中心	法国国家健康与医学研究中心	43
田纳西大学	巴特尔纪念研究所	39
五邑大学	晋江瑞碧科技有限公司	34
华南师范大学	深圳市国华光电研究所	30

数据源：PatentSight

第 4 章　促进纳米科技发展的因素分析

本章将从科研基金资助与国际合作两个方面，探索这两个因素如何促进全球及对标国家的纳米科技发展。

| 第4章 促进纳米科技发展的因素分析 |

关键发现

科学基金已成为社会进行科技投资的重要形式和渠道，2009～2018年，全球范围内对纳米相关研究工作的资助数量小有提升，纳米相关项目的数量复合年均增长率为3%，同期全球所有资助项目增长率几乎为零。

随着全球化的不断发展，科研界的国际合作变得更加频繁，纳米研究的国际合作也更加密切，全球国际合作纳米文献比例从2000年的20%提升至2019年的28%。广泛的国际合作有益于学术影响力的提升，2010～2019年，全球国际合作的文献篇均被引次数是所有文献的1.68倍。

132 220

条资助项目与纳米相关，约占全球所有项目的3.6%，复合年均增长率为3%（2009～2018年）。

29%

的材料科学基金项目与纳米相关，这一比例在所有学科中最高，且材料科学中纳米相关的项目数量也最多（2009～2018年）。

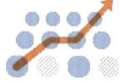

4.9%

"药理、毒理学和药物学"和"能源"中纳米相关项目增长最快（复合年均增长率最高），CAGR 到 4.9%[36]（2009～2018年）。

NSFC

资助的纳米相关项目数量最多，2009～2018年，中国国家自然科学基金（NSFC）共资助了27 387个纳米相关项目，占其所有资助项目的8.7%。

28%

2019年全球28%的纳米文献是由国际合作发表，比2000年提升了8个百分点（20%），且高于全球平均国际合作率。

2.5

中国的纳米科技国际合作保持增长。且中国国际合作的纳米文献学术影响力较高，中国国际合作纳米文献 FWCI 达到2.5，在所有对标国家中最高（2010～2019年）。

---

[36] 需要注意，除了药理学，所有分析学科中纳米相关项目的增长速度（CAGR）均高于该学科的项目平均增长速度（CAGR）。这是因为，全球的药理学资助项目 CAGR 非常高，但药理学的纳米项目 CAGR 绝对值在所有学科中最高。

第 4 章 促进纳米科技发展的因素分析

4.1 纳米相关基金分析

科学基金已成为社会进行科技投资的重要形式和渠道，对科学研究的发展至关重要。本节将聚焦当前已经授予的项目中与纳米科技相关的基金项目，以探索学科发展的动力。

Elsevier 的基金平台 Funding Institutional 可提供超过 300 万条的基金项目信息，覆盖了全球 3500 多个政府和私人筹资组织，有关平台详情请参考附录 B。本报告将通过 Funding Institutional 统计全球范围内可以被该平台追踪的纳米项目信息。

Funding Institutional 平台收录的资助信息包括多个全球大型资助机构。其中，涵盖了来自美国的 2 000 多个资助机构（包括 NSF，NIH，NASA，美国能源部，美国国防部等）；涵盖了中国国家自然科学基金委员会（NSFC）的项目信息；涵盖了德国科学基金会（Deutsche Forschungsgemeinschaft，DFG）、德国联邦食品与农业部（Bundesministerium für Ernährung und Landwirtschaft）、大众基金会（Volkswagen Foundation）、德国环境署等资助的项目；涵盖了英国 729 个基金组织资助的项目〔包括英国研究与创新基金会（UK Research and Innovation）、Wellcome Trust 等〕；涵盖了日本科学促进会（Japan Society for the Promotion of Science，JSPS）的项目信息。未能收录来自韩国的基金组织数据。

4.1.1 纳米相关基金数量与金额

根据 Funding Institutional 的统计，2009～2018 年，全球共有 132 220 个项目[37]与纳米相关，约占全球所有项目的 3.6%，复合年均增长率为 3%，同期全球项目数量几乎保持不变。根据可以追踪的数据，2009～2018 年与纳米相关的项目资助总金额约达 423 亿美金[38]，每年与纳米相关项目的资助金额在 40 亿上下波动，平均每年资助的纳米相关项目总金额约为 42 亿美金（图 4-1）。

---

37 纳米相关项目：在项目标题或摘要中包含"Nano*"，检索时间：2020 年 3 月。在检索时间节点下，2019 年的基金数据尚未更新完毕，因此本报告关于基金数据使用 2009～2018 的十年区间。
38 Funding Institutional 中少部分项目的项目资助金额不可获取。

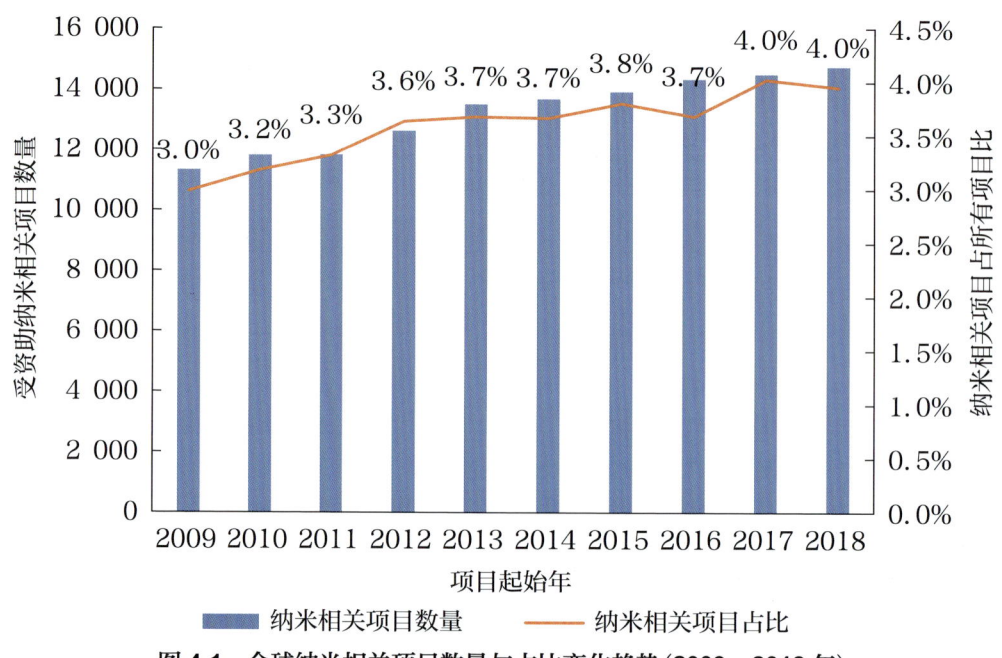

图 4-1 全球纳米相关项目数量与占比变化趋势（2009～2018 年）

数据源：Funding Institutional

4.1.2 各个学科内的纳米相关基金

图 4-2 显示了在各个学科内纳米相关项目的数量与增长情况，其中，材料科学、物理与天文学、化学中纳米相关项目所占比例最高，这与学科中的纳米文献占比排名基本相符合，说明基金的投入与学术产出正相关（图 4-3）。

在材料学中纳米相关的项目所占比例最高，绝对数量也最高，2009～2018 年，共有 40 586 项材料科学的资助项目与纳米相关，占该学科所有项目的 29%，复合年均增长率（CAGR）为 4.3%（该学科所有项目 CAGR 为 2.5%）。占比次多的是化学（17 903 项，占比 17.9%，CAGR 为 4.4%）、物理与天文（21 543 项，占比 14.8%，CAGR 为 3.7%）。

"药理、毒理学和药物学"中纳米相关项目增长最快（复合年均增长率最高）。主要因为，"药理、毒理学和药物学"学科自身的项目增长较快，带动了学科内纳

| 第 4 章　促进纳米科技发展的因素分析 |

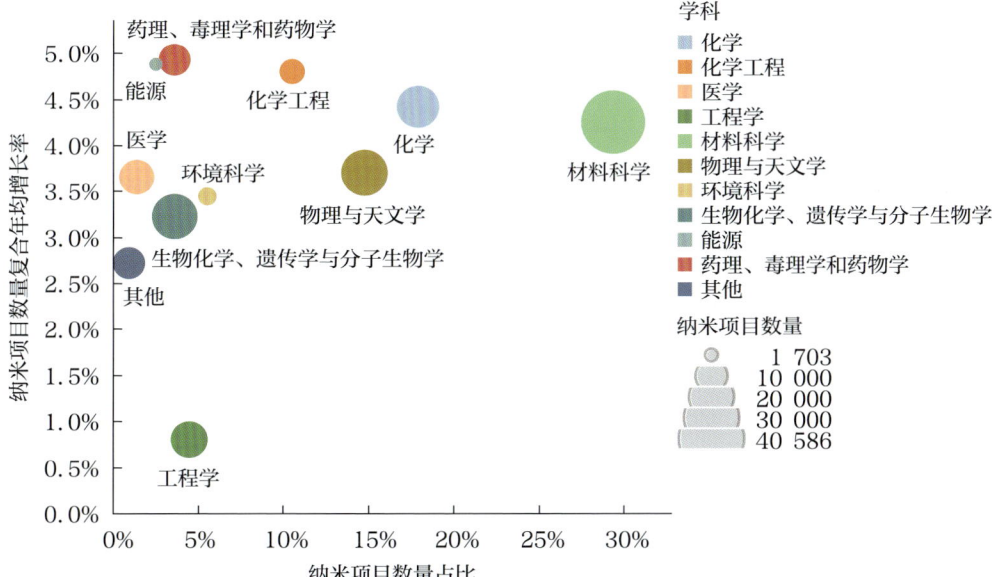

图 4-2　全球各个学科中纳米相关项目的数量、占比与复合年均增长率（2009～2018 年）
（气泡大小表示项目数量，*X* 轴表示该学科中纳米相关项目的比例，*Y* 轴表示学科中纳米相关项目数量的复合年均增长率）

数据源：Funding Institutional

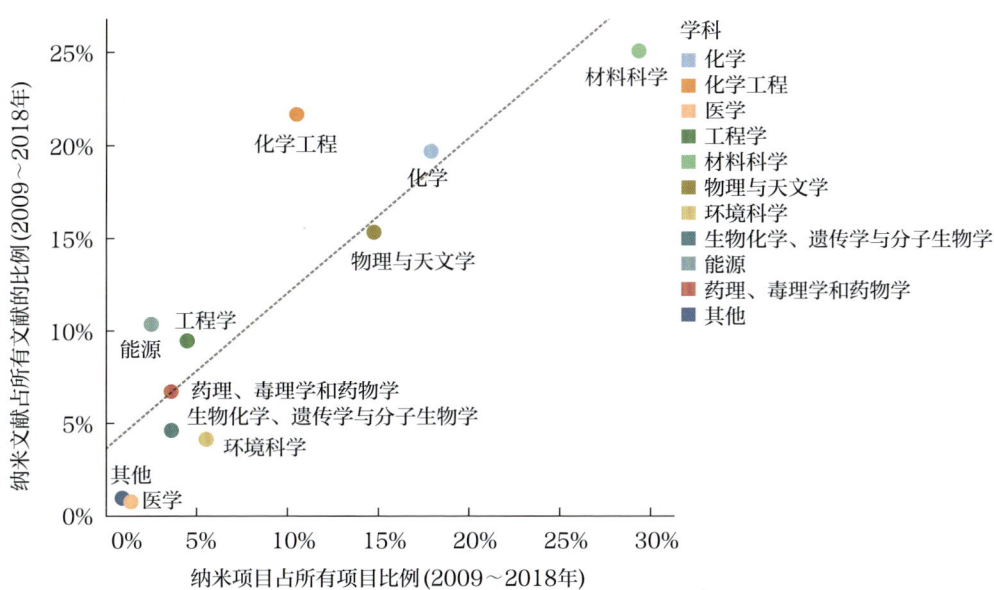

图 4-3　各个学科中纳米项目占比（*X* 轴）与纳米文献占比（*Y* 轴）（2009～2018 年）

数据源：Funding Institutional

米相关项目的快速增长("药理、毒理学和药物学"中纳米相关项目数量 CAGR 为 4.9%,该学科的所有项目数量 CAGR 为 14%)。实际上,除了"药理、毒理学和药物学",所有学科中纳米项目的增长速度均(以学科内纳米项目数量 CAGR 衡量)高于该学科的项目平均增长速度(以学科所有项目数量 CAGR 衡量)。

能源领域的纳米项目复合年均增长率在九大学科中居第二位,且该领域内纳米相关项目增长快于学科平均(该学科中纳米相关项目数量 CAGR 为 4.9%,该学科所有项目数量 CAGR 为–3.3%)。

4.1.3　全球资助纳米项目前十名的机构

图 4-4 列出了 2009~2018 年全球资助纳米项目最多的十个机构[39],这些机构共资助了全球 64% 的纳米项目。其中,中国国家自然科学基金(NSFC)资助了最多的纳米相关项目,共资助了 27 387 项与纳米相关的项目,占其所有项目的 8.7%,其资助的纳米项目数量也在前十名机构中保持最快速的增长(纳米项目复合年均增长率达 17.8%)。

美国主要资助机构资助的项目中,纳米相关项目变化趋势有差异。美国国家自然科学基金(NSF)的项目中纳米项目所占比例最高,10.1% 的 NSF 项目与纳米相关,美国国防部(US Department of Defense)的纳米相关项目下降速度最快(CAGR 为–19.3%),但美国国家卫生院(National Institutes of Health,NIH)的三个资助机构(美国国家癌症研究所、美国国家综合医学研究所、美国国家过敏症与传染病研究所)资助的项目中纳米相关项目在保持增长。

将纳米项目资助领先机构(图 4-4)与学术产出的领先资助机构进行比较(图 4-5,依据 Scopus 中可以追踪的资助机构数据,全球纳米文献发文量前十名的资助机构),除去无法获取数据的基金机构外(Funding Institutional 目前收录的中国基金数据主要来自中国国家自然科学基金,尚未收录来自韩国基金数据),项目资助机构和学术产出中列出的资助机构有多个重合,如中国国家自然科学基金、美国国家自然科学基金、美国国家卫生院基金、德国科学基金会、日本科学促进会等,说明基金资助机构的投入与学术产出正相关。

---

39 德国科学基金会(DFG)和巴西圣保罗研究基金会的项目金额信息不可获取,且平台暂未收录韩国基金组织数据。

第4章 促进纳米科技发展的因素分析

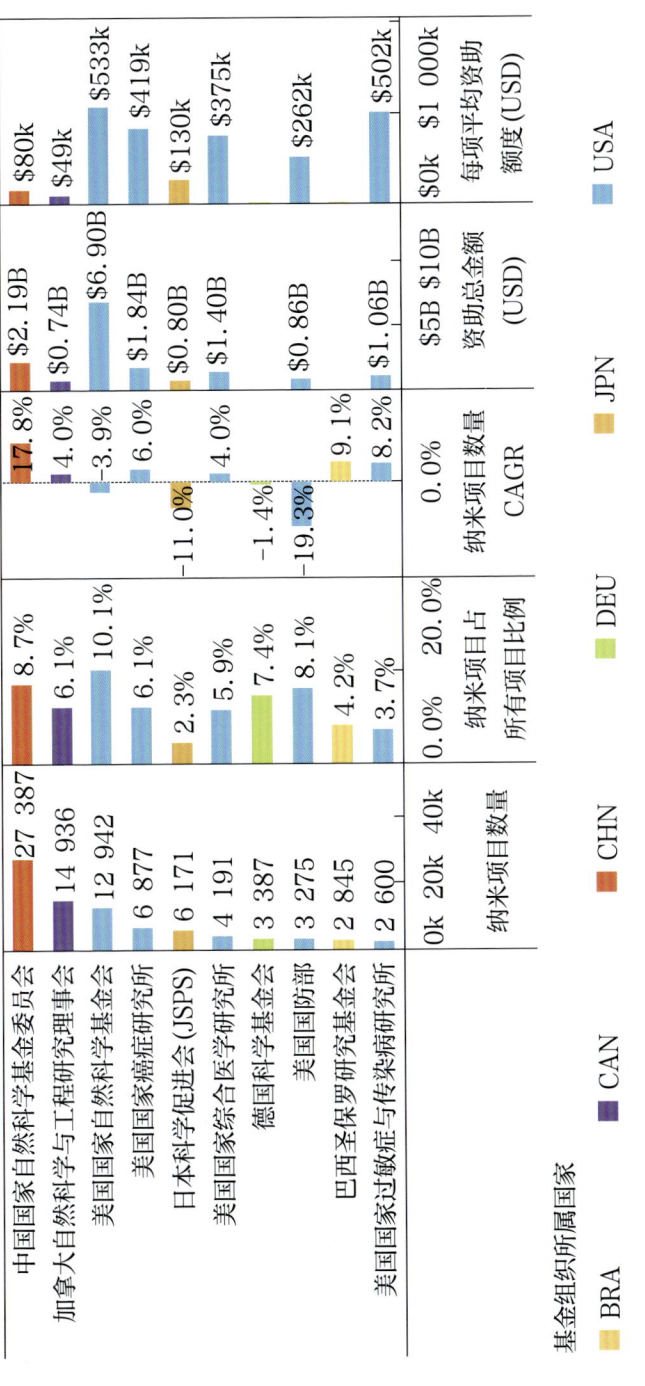

图4-4 全球资助纳米项目最多的十个基金组织(2009~2018年)

数据源：德国科学基金会、巴西圣保罗研究基金会部分年份资助金额数据不可获取 Funding Institutional

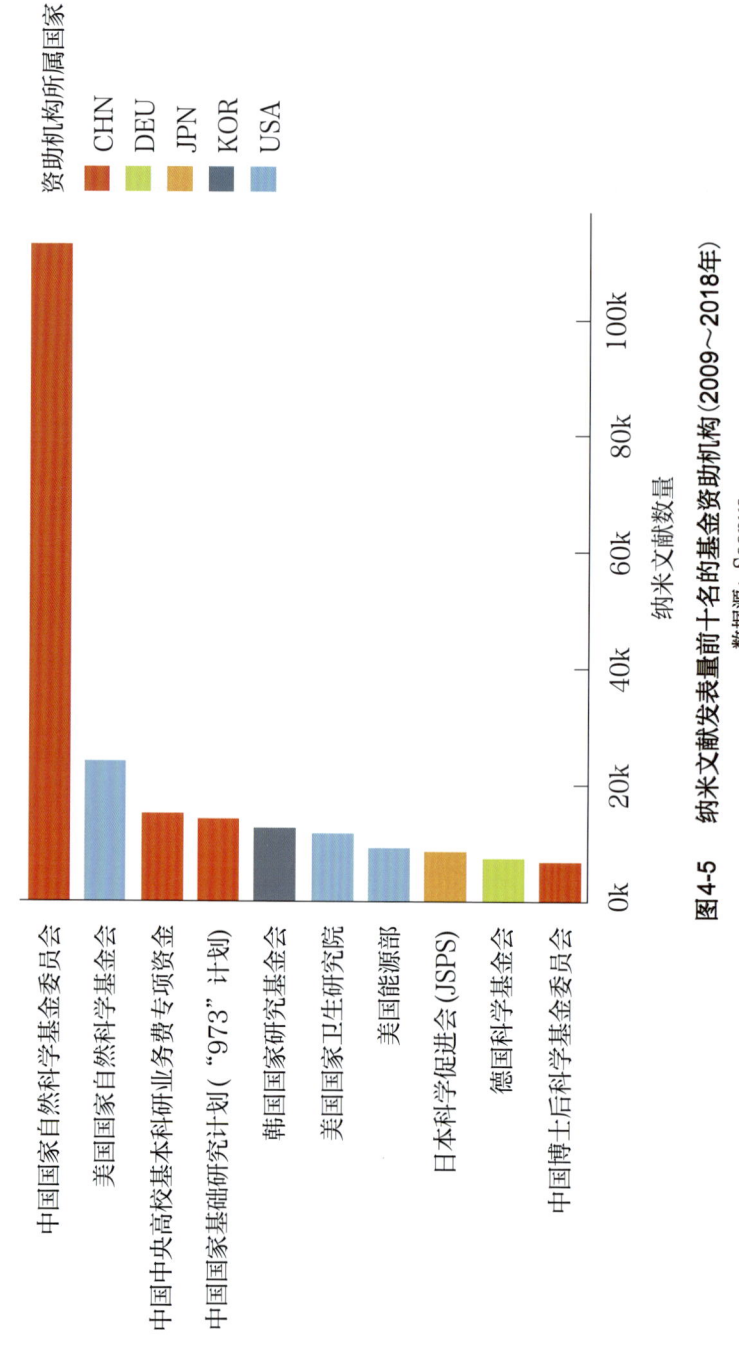

图4-5 纳米文献发表量前十名的基金资助机构(2009~2018年)
数据源：Scopus

4.2 国际合作分析

随着全球化的不断发展,科研界的国际合作变得更加频繁,由跨多个机构、边界、大洲和时区进行的协作能带来知识的交流与共享,并带来学术影响力的提升,以 Scopus 数据库中收录文献为例,2010~2019 年,以国际合作发表的学术文献篇均被引次数是所有文献的 1.68 倍。

(1) 纳米科技的国际合作程度高于全学科平均水平

纳米研究作为现代科学的重要组成,其国际合作度也较高。如图 4-6 所示,2010~2019 年,全球有 21% 的文献是国际合作发表,但全球纳米研究有 25% 的文献是国际合作发表。且在全球及对标国家中,纳米文献的国际合作率均高于评估主体的平均国际合作率,说明在纳米相关的研究活动中国际合作更加频繁。

但同时,也需认识到中国纳米科技的国际程度与发达国家相比仍有差距。2010~2019 年,中国的纳米文献国际合作比例为 24%,略低于同期全球纳米文献国际合作比例(25%),低于对标国家。可能的原因有两个:①中国目前已经成为纳米相关学术产出的最大国(2019 年中国贡献了全球 39% 的纳米文献),中国的多个学术机构的纳米学术产出与学术影响力已经处于国际领先位置,为国内机构合作打下基础,因此国内合作更加密切(如图 4-8 所示,中国纳米文献国内合作率持续高于国际合作率)。②与欧美科研发达国家相比,中国科研整体的国际合作率偏低,这也会影响在纳米科技中的国际合作。

(2) 国际合作有助于提升学术影响力 中国国际合作的纳米文献 FWCI 在对标国家中最高

国际合作带来纳米文献学术影响力的提升。如图 4-7 所示,2010~2019 年,全球国际合作的纳米文献的 FWCI 为 1.9,比所有纳米文献 FWCI 提高了 26%,这在对标国家中也成立,说明了国际合作有助于学术影响力的提升。

中国国际合作纳米文献的学术影响力较高,2010~2019 年,中国国际合作的纳米文献 FWCI 为 2.5,高于美国国际合作的纳米文献学术影响力(2.3),同时,比中国纳米文献平均 FWCI 高出 42%。其次是日本,其国际合作的纳米文献 FWCI(1.8)比该国所有纳米文献 FWCI(1.3)高出 36%。

(3) 纳米科技国际合作呈现上升趋势

如图 4-8 所示,全球及对标国家,纳米科技的国际合作率在过去二十年均有明

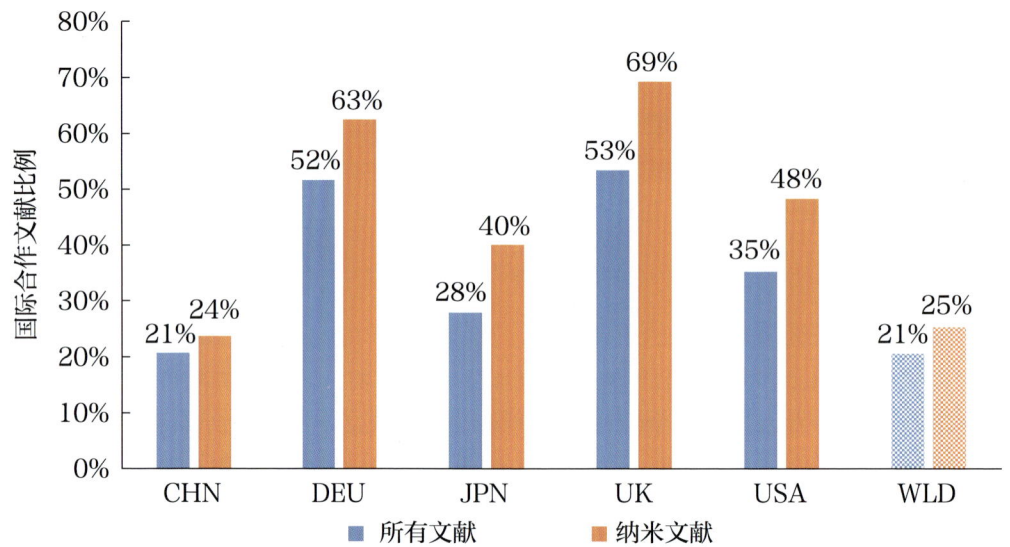

图 4-6 纳米科技的国际合作率与整体国际合作率对比（2010～2019 年）
（CHN-中国，DEU-德国，JPN-日本，UK-英国，USA-美国，WLD-全球）
数据源：Scopus

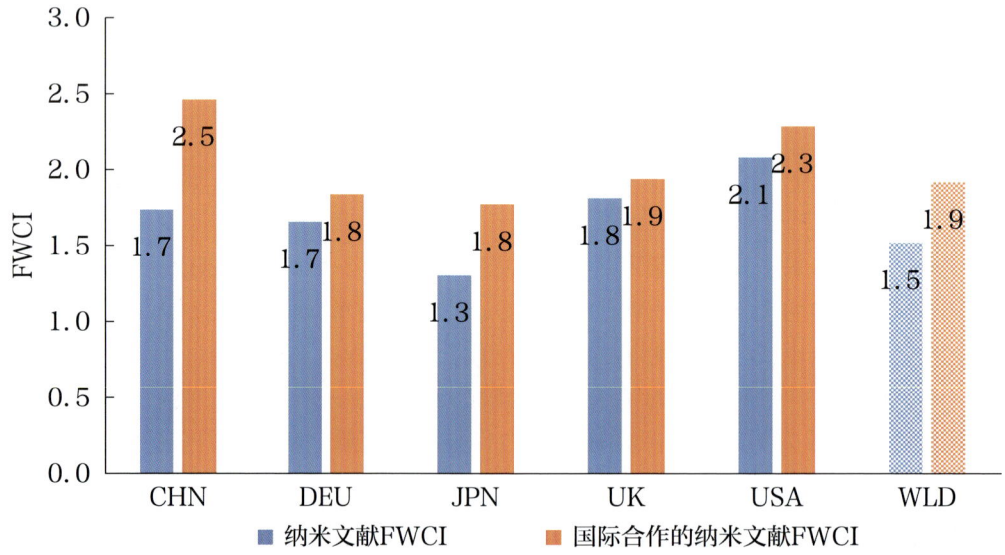

图 4-7 全球及对标国的国际合作纳米文献 FWCI 与纳米文献 FWCI 对比（2010～2019 年）
（CHN-中国，DEU-德国，JPN-日本，UK-英国，USA-美国，WLD-全球）
数据源：Scopus

第 4 章 促进纳米科技发展的因素分析

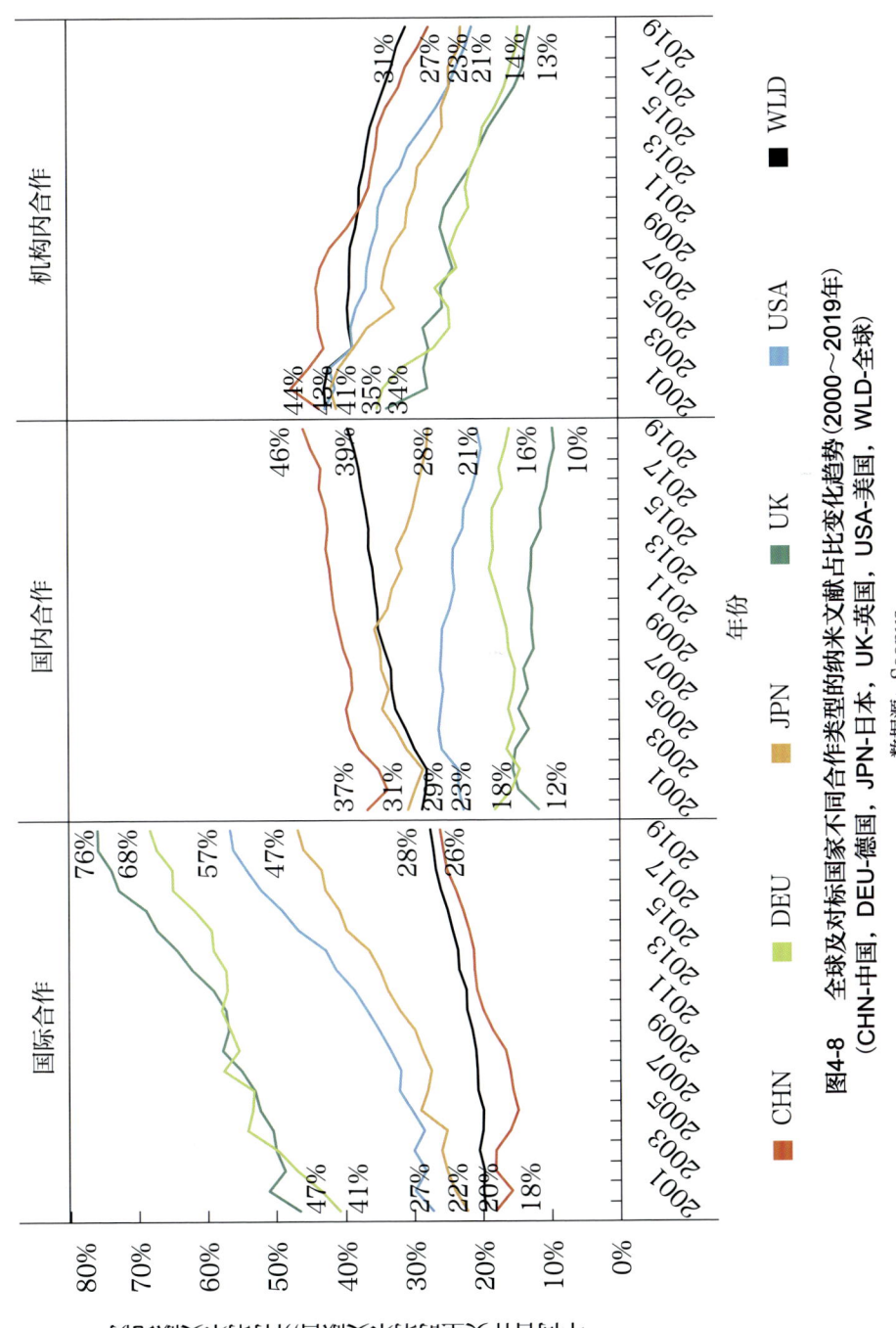

图4-8 全球及对标国家不同合作类型的纳米文献占比变化趋势（2000~2019年）（CHN-中国，DEU-德国，JPN-日本，UK-英国，USA-美国，WLD-全球）

数据源：Scopus

显提升,全球的纳米文献国际合作率从 2000 年的 20%提升至 2019 年的 28%,同期,中国的纳米文献国际合作率从 2000 年的 18%提升至 2019 年的 26%,上升 8 个百分点。此外,单一机构内的合作比例呈下滑趋势,说明纳米研究的合作地域在不断扩大。

结　　论

2000~2019年纳米科技取得了快速的发展，全球纳米相关的学术产出和专利产出增长率显著高于平均增长率，其中，中国是推动全球纳米科技产出增长的重要动力。同时，中国纳米科技的学术影响力也在提升，纳米文献归一化影响因子(FWCI)从2000年的1.3提升至2019年的1.9。这与纳米科技在高影响力学术产出中的贡献契合，2000~2019年，在中国每四篇前1%高被引文献中就有一篇与纳米相关。如下图所示，中国的纳米科技在多个关键指标上位居前列。

在基础科学的各个领域，纳米科技作为普适性的科学与多个学科交叉、融合，并提升了学科内学术成果数量与影响力。目前，纳米科技主要与物质科学(材料科学、化学、化学工程、物理与天文学、工程学等)联系最为紧密，但随着学科融合与发展，在生命科学、健康科学中也出现加强与纳米结合的趋势，近些年在"生物化学、遗传学与分子生物学"、"药理、毒理学和药物学"学科中涉及纳米的研究成果比例不断提升。此外，纳米科技对于各个基础学科的意义不仅是对其整体学术成果的贡献，在各个学科的最受关注的研究领域，纳米科技有不可或缺的作用。

除了对基础科学有重要意义，纳米科技作为一项先进的技术对产业界也有重要贡献。近些年多国出台政策提倡学术研究成果向产业界的转化，产学结合则为此提供了非常好的契机。虽然，中国在纳米科技中的产学结合水平还落后于发达国家，但产学合作发表的纳米文献数量在快速增长，在所有对标国中增长率最高。美国、德国、英国、日本的纳米产学合作率相对较高，其纳米产学合作率高于全国平均水平，这些国家在产学合作中积累的经验值得他国学习和借鉴。在全球的纳米产学合作网络中，美国、法国、韩国、中国最为突出，中国企业以石油化工类为主，产学合作的学术影响力有待提高，美国有更多以IBM为代表的高科技、高研发强度的企业参与，这类企业产学合作的学术成果有更高的影响力。

专利对学术文献引用体现了基础研究成果对产业应用的支持，体现了学术研究的经济效益。中国每千篇纳米文献被专利引用次数和对标国家相比仍有差距，这种差距有学科的因素(生命科学、医学的文献有更高的专利被引用次数)和数据的局限性(仅纳入了世界知识产权组织、美国专利及商标局、欧洲专利局、英国知识产权局和日本专利局的专利引用数据)，但和产学合作水平也紧密相关(分析发现在纳米领域产学合作活跃的企业也是引用纳米学术文献的活跃企业)。从这个意义上看，中国也需要提升纳米科技的产学合作。

| 结 论 |

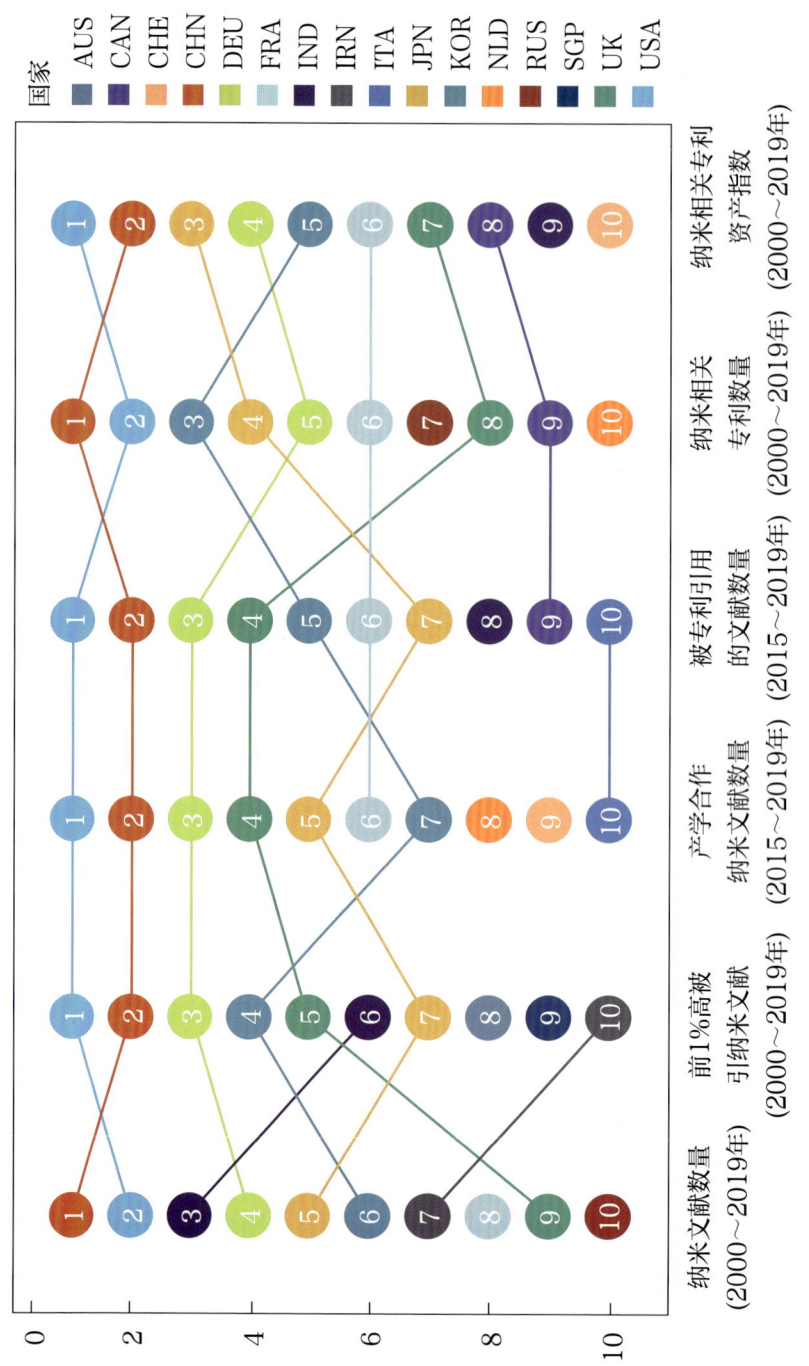

图 纳米科技各主要评估指标全球排名前十的国家/地区
数据源：Scopus, PatentSight

| 结　论 |

　　过去二十年，纳米科技在产业界的应用正在蓬勃发展，纳米相关专利累计达到 69 万多件，其中 58% 的专利来自中国。中国的纳米相关专利占有数量的绝对优势，但是专利影响力相对较低，这与中国专利的市场影响力和技术影响力较低有关，中国专利多数在本国申请保护，而欧美等国专利则会覆盖更广的保护区域。

　　此外，在科研基金中支持纳米相关研究工作的项目越来越多，项目的数量与比例上都有提升，这给纳米科技的发展提供了动力。在资助机构和学科层面，资助强度与学术产出均呈现了正相关，体现了较好的投入产出回报率。

　　科技的发展与经费的支持，使得学术交流变得更加便捷和频繁，跨越地域的合作会带来知识的交流、共享和启发，有利于科学的发展。报告发现，全球纳米科技研究正越来越国际化，纳米文献的国际合作率高于全球平均国际合作率，且国际合作对多国的学术影响力带来正面效应。中国的纳米科技国际合作学术影响力表现出色，是有竞争力的国际合作对象。

后 记

本报告由国家纳米科学中心和爱思唯尔公司分析服务团队共同撰写完成。本报告旨以定量研究的方法，对全球及重要国家的纳米科技产出的影响力进行分析、评估、比较，以全面了解纳米科技当前的发展态势。

本报告运用了文献计量学的方法，对诸如文献数量、归一化影响因子、产学研合作和专利引用率等指标进行运用。这些指标尽管不完美，或者具有局限性，但从某种角度来说，这些指标的数字特性是由科研表现及其相关概念决定的，但同时也受其他影响因子的影响而具有系统偏差。过去十年里，文献计量学指标研究领域的最佳实践解释了如何理解指标分析结果以及何种影响因子被用以进行具体的分析评价，本报告的分析方法就是源于这些最佳实践。本报告在指标的选择和分析维度上可能也存在一定不足，但从整体考虑，指标体系和分析维度是通过大量文献、专著以及专家讨论共同确定的，虽然具有一定局限性但却是有效且具有实际使用意义的。

本报告在数据层面也存在一些瑕疵，诸如检索式未能完全覆盖纳米研究的相关工作、国际科研基金数据的不完整等。虽然不够全面，但是本报告的分析是基于约142万条学术文献和60多万件专利信息，从数据规模上看，报告在一定意义上反映了实际情况。

最后，由于时间仓促，报告中不免错误和疏漏，敬请读者谅解和批评指教。

附录 A 指标说明

(1) 学术文献分析相关指标

复合年均增长率(Compound Annual Growth Rate, CAGR): 是指在特定时期内的年度增长率, 计算公式如下:

$$\text{CAGR} = \left(\frac{v_e}{v_b}\right)^{\frac{1}{n}} - 1$$

其中, v_b 为期初值; v_e 为期末值; n 为期数。

发文量: 发文量统计了被评估主体包含期刊论文和综述文章, 代表了被评估主体在某一个固定时间段内的科研产出。

作者数量: 在统计时间段内, 依据唯一作者标识号统计发表了相关统计文献的作者数量。

被引次数: 是指在某一个固定时间段内被评估主体所发表文章的所有被引用次数, 在一定程度上反映了被评估主体发表文章的学术影响力。但是也需要考虑到, 发表时间较近的文章相比于年份较久的文章, 会由于积累时间较少而导致总被引次数较少。

归一化影响因子(FWCI): FWCI 在一定程度上反映了被评估主体发表文章的学术影响力, 相比于总被引次数, FWCI 从被评估主体发表文章所获得的总被引次数相比于与其同类型发表文章(相同发表年份、相同发表类型和相同学科领域)所获得的平均被引次数的角度出发, 能够更好地规避不同规模的发表量、不同学科被引特征、不同发表年份带来的被引数量差异。如果 FWCI 为 1 意味着被评估主体的文章被引次数正好等于整个 Scopus 数据库同类型文章的平均水平。

学术科研合作包含三类: 国际合作、国内合作和机构内合作。其中
- 国际合作文章: 是指文章的发表作者为多位作者, 且作者中至少有一位隶属于其他国家的研究机构, 其表明了该类文章源于国际合作的成果。
- 国内合作文章: 是指文章的发表作者为多位作者, 作者中没有隶属于其他国家研究机构, 但是至少有一位隶属于国内其他研究机构(此作者不隶属于发文机构), 其表明了该类文章源于国内合作的成果。

附录 A 指标说明

- 机构内合作文章：是指文章的发表作者为多位作者，作者中既没有隶属于其他国家研究机构，也没有隶属于国内其他研究机构，而全部隶属于发文机构，其表明了该类文章源于机构内合作的成果。

产学合作：是指文章的发表作者为多位，至少有一位作者隶属于发文机构，且至少有一位作者隶属于产业界，其表明了该类文章源于产学合作的成果。

前 1%高被引文献：该指标统计了引用次数达到世界前 1%的文章数量及比例，反映了被评估主体的卓越学术影响力，即其科研产出有多少是属于学术圈内最有影响力的文章。对该指标加入学科权重之后，还可以得到在某指定学科内达到世界前 1%的文章数量及比例，反映了被评估主体在指定学科内的卓越学术影响力。

研究主题：研究主题是一群具有共同研究兴趣的文章集合，代表了这些文章研究内容的共同焦点。在 Scopus 数据库中，所有的文章通过直接被引的算法归类于约 96 000 个研究主题。在具体一个研究主题中的文章之间是强被引关系，弱被引关系的文章将被归于不同的研究主题中。

研究主题全球显著度：该指标采用了研究主题的三个指标进行线性计算：被引次数、在 Scopus 中的被浏览数和平均期刊因子(CiteScore)。其体现了该研究主题被全球学者的关注度、热门程度和发展势头，并且显著度与研究资金、补助等呈现正相关关系，通过寻找显著度高的研究主题，可以指导科研人员及科研管理人员获得更多的基金资助。主题全球显著度得分是根据引文数、浏览次数和 CiteScore 计算主题研究方向的显著度值。第 n 年每个主题 j 的显著度值等式是：

$$P_j = \frac{0.495(C_j - \text{mean}(C_j))}{\text{stdev}(C_j)} + \frac{0.391(V_j - \text{mean}(V_j))}{\text{stdev}(V_j)} + \frac{0.114(CS_j - \text{mean}(CS_j))}{\text{stdev}(CS_j)}$$

(2) 专利分析相关指标

专利数量(Portfolio Size)：去除同族后有效专利数量。

专利资产指数(Patent Asset Index，PAI)：是一个专利集中所有专利的竞争力(Competitive Impact)值的总和。平均而言，影响力越大的专利，总体上质量越高。此指标广泛用于知识产权部门、情报竞争、政府竞争主管部门以及投资者关系。

专利竞争力(Competitive Impact，CI)：是技术影响力(Technology Relevance)与市场影响力(Market Coverage)的乘积。每个专利(族)被赋予一个 CI 值。在分析中，一个专利集合的 CI 值为该专利集平均 CI 值。

技术影响力(Technology Relevance，TR)：是衡量一个专利(族)对技术发展影响力的指标。通过计算一件专利在全球范围内被引证的数量，同时根据该专利的公开时间、引证来自的专利局以及技术领域的不同进行算法调整，得出被评价专利(族)相对技术影响力。简单而言，例如一个专利(族)的 TR 值为 2，表明该专利(族)的技术影响力是同年公开的同一技术领域的专利影响力均值的两倍。

市场影响力(Market Coverage，MC)：是衡量一项专利(族)在全球范围内的保护程度。该指标的计算考量了被评价专利(族)申请的同族国家数量以及各国世界银行当年的国民收入总值。同时考量了各个同族的申请、授权或失效的法律状态。

附录 B　数据源说明

本报告将"纳米科技学术产出"定义为在文献"标题/摘要/关键词"包含"Nano*"的相关学术文献(排除部分不相干关键词)，并在 Scopus 数据库中检索发表于 2000～2019 年的与纳米相关的所有期刊论文和综述(Articles & Reviews)，形成本报告的学术产出数据集合(简称"纳米文献")。检索时间：2020 年 3 月 18 日。

纳米相关文献 Scopus 检索式[40]：(TITLE-ABS-KEY (nano*) AND NOT TITLE-ABS-KEY (nano2 OR nano3 OR nano4 OR nano5 OR nanosecon* OR "NANO SECON*" OR "NANO GRAM*" OR nanogram* OR nanomol* OR nanophtalm* OR nanomeli* OR nanogeterotroph* OR nanoplankton* OR nanokelvin* OR nanocur)) AND DOCTYPE (ar OR re) AND PUBYEAR > 1999 AND PUBYEAR < 2020。

(注：本报告的检索式并不完善，但遗漏数据的影响较小。检索式以标题/关键词/摘要中含有"Nano*"为收录条件(排除部分不相关关键词)，部分"石墨烯"、"二维材料"、"自组装"等领域的学术产出存在不含"Nano*"，但该研究工作依然与纳米科技相关的情况，对这部分数据的疏漏还请见谅。)

报告考察了以上未覆盖数据的规模和影响。在统计时间内，"石墨烯"领域约有 7.5 万篇的石墨烯研究文献已经覆盖，有 5.4 万多条文献未能覆盖。"二维材料"在报告统计时段内共有 1.2 万篇文献，其中有 6800 篇文献未能覆盖。鉴于本报告是基于约 142 万篇文献，未覆盖数据或对于各个子领域本身有影响，但对纳米科技整体情况影响甚微。我们对未覆盖数据进行了评估，造成的全球误差在 1%以内。即使是在细分领域(热点研究主题)中，此部分的影响相对较小，报告已经包含"石墨烯"相关研究主题和"二维材料"发文量最高的"石墨烯，碳纳米管，纳米管"研究主题。

关于本报告数据来源的说明：

---

40 Jiancheng Guan, Nan Ma, China's emerging presence in nanoscience and nanotechnology: A comparative bibliometric study of several nanoscience "giants", Research Policy, Volume 36, Issue 6 2007, Pages 880-886, ISSN 0048-7333.

附录 B　数据源说明

(1) Scopus 数据库

本报告所使用的 Scopus 数据库是爱思唯尔的同行评议文献摘要和引文数据库，涵盖约 105 个国家的 5 000 家出版商出版的 39 000 多种期刊、丛书和会议记录中发表的 7 730 万篇文献。

Scopus 的覆盖范围是多语种和全球性的：Scopus 中大约 46% 的出版物是以英语以外的语言发布的（或以英语和其他语言发布的）。此外，超过一半的 Scopus 内容来自北美以外地区，代表了欧洲、拉丁美洲、非洲和亚太地区的许多国家。

Scopus 的覆盖范围还包括所有主要研究领域，其中关于自然科学刊物约 13 300 种，健康科学 14 500 种，生命科学 7 300 种，社会科学 12 500 种（后者包括大约 4 000 种与艺术和人文有关的出版物）。所涉及的刊物主要是系列出版物（期刊、贸易期刊、丛书和会议材料），相当数量的会议论文也从独立的会议记录卷（特别是在计算机科学中，会议论文是一个重要的传播机制）中涉及。Scopus 认识到所有领域（尤其是社会科学和艺术与人文学科）的大量重要文献都是以图书形式出版的，因此在 2013 年开始增加图书覆盖率。截至 2018 年，Scopus 共收录 175 万册图书，其中社会科学类 40 万册，人文艺术类 29 万册。

此外，在开放获取（Open Access）的文献类型方面，Scopus 约包含 789 万文献，有 5 500 多本金色 OA 期刊涵盖其中。

在专利方面，Scopus 包含了五个主要知识产权局或专利局：美国专利及商标局（USPTO）、欧洲专利局（EPO）、日本专利局（JPO）、英国知识产权局（UKIPO）和世界知识产权组织（WIPO）的约 4 370 万个专利。

Scopus 数据的更新频率以天为单位，每天会更新约 10 000 篇。

(2) SciVal 分析平台

爱思唯尔的新一代 SciVal 科研数据分析平台为全球超过 12 000 家研究机构和 230 个国家/地区提供了快速、便捷的研究成果。作为一个拥有多种功能和极具灵活性的即用型解决方案，SciVal 使用户能够在研究领域中导航，设计多个优化方案来分析科研表现。爱思唯尔还通过 SciVal Spotlight 和 SciVal Strata 与全球许多领先机构进行常年合作，不断给 SciVal 的完善提供丰富经验。

SciVal 基于 Scopus，使用 Scopus 从 1996 年到现在的数据，覆盖超过 4 800 万条记录，包括来自 5 000 家出版商的 2 万多种刊物。

SciVal 提供了广泛的行业认可和易于解释的指标，包括雪球指标（Snowball Metrics），这是经过高等教育机构一致同意并制定的为机构战略决策而服务的标准指标。

(3) Funding Institutional 基金数据平台

该解决方案结合了超过 18 000 个活跃的资助机会以及来自众多资助者的超过 300 万笔已授予研究资助的信息，平台提供的内容包括：

- 3500 多个政府和私人筹资组织，其中包括美国的 2 000 个资助机构；
- 18 000+个活跃的项目机会；
- 超过 98 亿美元的活跃资助机会；
- 超过 300 万条资助项目记录；
- 价值 1.6 万亿美元以上的资助项目。

(4) Patent Sight 专利数据库

Patent Sight 是一款基于 BI（商务智能）的集专利检索、评价、分析功能于一体的数据库，该系统致力于帮助企业和研究机构获得关于专利及专利组合/专利族的强度、质量和相关价值的深度分析。目前 Patent Sight 收录了全球 115 个国家/地区的专利授权机构发布的专利文献，其中 30 个国家/地区发布的专利文献可直接下载 PDF 全文。

Patent Sight 拥有全球专利评估工具 Patent Asset Index™。该工具经过系统科学开发并由 Patent Sight 独家提供，从海量专利中识别高价值专利，并以此为可靠专利分析的先决条件。此外，该工具可针对竞争对手、供应商、客户、指定技术领域和新市场进入者的专利组合进行分析，以识别潜在机会和威胁。

附录 C　ASJC 学科

Scopus ASJC 学科分类(共 27 个学科)	纳米知识图谱中的学科名称
生物化学、遗传学与分子生物学	生物化学、遗传学与分子生物学
化学工程	化学与化工
化学	化学与化工
能源	能源
工程学	工程学
环境科学	环境科学
牙医学	健康科学
健康专业	健康科学
医学	健康科学
护理学	健康科学
兽医	健康科学
材料科学	材料科学
农业与生物科学	其他
计算机科学	其他
地球与行星科学	其他
免疫与微生物学	其他
数学	其他
多学科	其他
神经科学	其他
药理、毒理学和药物学	药理、毒理学和药物学
物理与天文学	物理与天文学
人文艺术	社会科学
商业、管理与会计	社会科学
决策科学	社会科学
经济学、计量经济学与金融学	社会科学
心理学	社会科学
社会科学	社会科学

附录 D 国家/地区代码

代码	国家/地区	代码	国家/地区
AUS	澳大利亚	ITA	意大利
BEL	比利时	JPN	日本
BRA	巴西	KOR	韩国
CAN	加拿大	NLD	荷兰
CHE	瑞士	NOR	挪威
CHN	中国	POL	波兰
DEU	德国	RUS	俄罗斯
DNK	丹麦	SAU	沙特阿拉伯
ESP	西班牙	SGP	新加坡
FIN	芬兰	SWE	瑞典
FRA	法国	UK	英国
IND	印度	USA	美国
IRN	伊朗		

国家纳米科学中心

国家纳米科学中心于 2003 年 12 月成立，由中国科学院与教育部共建，定位于纳米科学与技术的基础研究和应用研究，重点在具有重要应用前景的纳米科学技术基础研究。国家纳米科学中心实行理事会领导下的主任负责制，目标是建成具有国际先进水平的研究基地、面向国内外开放的纳米科学研究公共技术平台、中国纳米科技领域国际交流的窗口和人才培养基地。

中心现有 3 个中国科学院重点实验室，分别是中国科学院纳米生物效应与安全性重点实验室、中国科学院纳米标准与检测重点实验室和中国科学院纳米系统与多级次制造重点实验室。另外设有理论室、纳米加工实验室和纳米技术发展部。国家纳米科学中心还与清华大学、北京大学和中国科学院直属单位等科研院校共建了 19 个协作实验室。

国家纳米科学中心现有凝聚态物理、物理化学、材料学和纳米科学与技术四个博士生培养点，并设有博士后流动站。截至 2018 年年底，发表第一单位科学论文 2299 篇，申请专利 1230 项，获授权专利 568 项。在中国科学院组织的国际评估中获得过国际同领域专家高度认可，并被认为是"中国最优秀的纳米科学研究机构"。2018 年公布的自然指数表明，国家纳米科学中心进入中国科学院各研究机构前五行列。

2015 年 10 月，中国科学院决定成立中国科学院纳米科学卓越创新中心（CAS-CENano），加速建立有利于重大科研产出的科研活动组织新模式。中心的任务是汇聚和培养纳米领域优秀人才，聚焦纳米科学前沿，率先在纳米领域的重大科学问题上取得突破，成为国际知名的纳米科学研究机构。

爱 思 唯 尔

爱思唯尔是一家全球信息分析公司，帮助机构和专业人士推进医疗保健、开放科学并提高绩效。主要体现在帮助科研人员获得新的发现，与同行进行合作，并给予他们所需的知识以找到资助；帮助政府和大学评估并改善科研战略；帮助医生诊断治疗，为医生提供见解以找到正确的临床解答，为护士和其他医疗保健专业人员职业生涯提供支持。爱思唯尔的目标是为人类的利益拓展知识边界。

爱思唯尔分析服务团队作为公司旗下的科研情报团队，利用全球最大的摘要及引文数据库 Scopus、爱思唯尔全球专家网络以及其他丰富的数据资产进行定制分析服务，通过广泛的定量分析和定性研究，帮助机构或个人洞察及改进研究策略和影响力，提高机构或个人在制定、执行和评估科研策略与绩效方面的能力，全面助力睿智研究。